Lilou Macé

Rêver sa vie en couleurs

Les clés du changement

Michel Lafon

118, avenue Achille-Peretti – CS 70024
92521 Neuilly-sur-Seine Cedex
www.michel-lafon.com

Le secret

Tout au fond de l'océan
Gît un coquillage arc-en-ciel.
Il est là, toujours, brillant paisiblement
Sous les plus hautes vagues des tempêtes
Comme sous les bienheureuses vaguelettes
Que le vieux Grec appelait rides de rire.
Écoute – tout au fond de l'océan
Le coquillage arc-en-ciel chante.
Il est là, toujours, chantant silencieusement.

Katherine Mansfield (1888-1923)

Avant-propos de l'auteure

J'aime les couleurs depuis que je suis toute petite. J'ai crayonné, barbouillé et dessiné sur des milliers de feuilles blanches. Seuls mes feutres de couleur s'épuisaient. J'y passais des heures. Les couleurs m'inspiraient, elles m'apportaient beaucoup de joie. Mes dessins semblaient réjouir mes parents, surtout mon père. Fier de mes créations, il les plaçait dans ses nombreux livres de voyage, de cuisine et de spiritualité. Je les trouvais beaux mes dessins et je me réjouissais d'en faire un autre, et encore un autre, en utilisant le plus de couleurs possible. J'appuyais sur mes feutres avec une telle détermination qu'ils ne faisaient guère long feu. Il m'en fallait beaucoup et souvent. Petite, j'aimais la couleur, c'était ma vie. Tout avait du sens alors. Je n'avais pas de limite, j'étais insouciante, spontanée, joyeuse et j'aimais rire.

Un jour, l'artiste en moi s'est éteinte. La petite fille joyeuse prenait trop de place, il lui fallait devenir adulte, cacher ses émotions, être responsable et ne plus exprimer si librement son imagination et ses ressentis. Le rouge, le jaune, le bleu ont été remplacés par le noir, le sérieux et l'envie de passer inaperçue, de devenir invisible. Je suis alors entrée dans un long cycle d'incompréhensions, qui ont convoqué beaucoup d'émotions dévastatrices. La vie m'indiquait pourtant un chemin plus joyeux. Je souhaitais avancer seule, rester dans l'ombre de moi-même. Pour faire face aux difficultés grandissantes, je ramais de plus en plus fort, à contre-courant, puis, un jour, un ange m'a pris par la main et j'ai réalisé qu'une autre vision de la vie était plus lumineuse. Avec beaucoup de travail, de remises en question, de frustrations et de colères libérées, les couleurs sont réapparues dans ma vie. Elles témoignent de mes changements.

Le changement ne se fait pas sans courage. Il prend vie, en libérant un passé qui nous hante, un futur qui nous angoisse et un présent qui ne nous va pas. Je savais qu'une version plus colorée de moi-même et de la vie existait : une version plus épanouissante, plus évoluée.

Mon souhait est que vous réalisiez votre plus belle destinée, car elle est lumineuse et haute en couleur. Vivre sa vie au travers de toutes les tonalités de l'arc-en-ciel offre de nombreuses clés d'épanouissement. Vous pouvez danser sous la pluie et jouir de ce que la vie vous offre à chaque instant. Vos couleurs sont uniques. Votre éveil aussi. La vie vous offre une opportunité, et c'est à vous de la saisir.

Nous avons une éternité devant nous. Pour ce choix de vie, dans ce corps, maintenant, le temps est plus restreint. Il est donc urgent de nous sentir traversés par le courant, et le laisser nous guider. Quelle que soit la couleur que prend la vie, elle est de notre côté.

Saviez-vous que chaque couleur a sa fréquence ? Chacune vibre différemment. En d'autres termes, on ne se sentira pas pareil si l'on est au contact de bleu, de jaune ou de vert. Ce n'est pas seulement une question de goût ! Nos préférences ont un sens précis, selon le docteur Max Lüscer[1]. La bonne nouvelle est que si certaines nous repoussent, elles pourraient nous donner des pistes à suivre pour notre évolution ! Ainsi, chaque couleur correspond à une émotion, un sentiment, un souvenir. Elle nous offre un langage sacré pour mieux nous comprendre. Pourtant, les couleurs qui ne nous attirent pas sont celles qui nous permettraient de faire de grands bonds en avant dans votre vie ! C'est ce qu'a démontré Jacob Liberman, un ophtalmologue américain, qui a étudié les propriétés de la lumière. Selon lui, la lumière est la médecine du futur. La lumière, et donc les couleurs influenceraient et permettraient la guérison. C'est ce à quoi je me suis intéressée lors de mes entretiens avec lui, à Hawaii. Stress, dépression, déficiences immunitaires, cancer, problèmes sexuels, acné, troubles du sommeil

1. À la suite de ses travaux, le docteur Lüscer a conclu que la préférence spécifique d'une personne pour une couleur, et son aversion pour une autre, ont un sens précis, dû soit à son état d'esprit, soit à un état d'équilibre glandulaire, ou même aux deux. Il a estimé que la réaction des gens aux couleurs fait partie de leur mémoire originelle, unique et ancienne. Ces informations proviennent du plus profond de leur être.

pourraient être guéris par la lumière. À peine nous étions-nous rencontrés qu'il m'interpellait ainsi : « Chaque couleur a sa puissance et son propre langage. » Il poursuivit : « Nos réactions à une couleur sont une réponse à une expérience de la vie. » L'interview qui suivit, comme bien d'autres, fit croître en moi une vision enthousiasmante du monde, mais aussi un sentiment d'appartenance. Nous parlions le même langage, celui du cœur, au service de l'extraordinaire potentiel humain.

Mais ce n'est pas seulement cet entretien, ou encore ma passion, petite fille, pour les couleurs, qui m'ont inspirée ce livre. Depuis de nombreuses années, je chemine, je découvre, j'expérimente, en savourant la vie exponentiellement. J'interviewe des gens que je trouve plus extraordinaires les uns que les autres. Ces rencontres m'ont permis de découvrir des dimensions plus sacrées de l'être humain, des sagesses souvent ancestrales et des technologies plus avancées que je m'apprête à partager avec vous au travers des couleurs de l'arc-en-ciel. Chaque couleur a sa fréquence, son expérience de vie, et reflète un état de conscience et de connaissances. Mon souhait est de vous guider vers un cocktail coloré et vitaminé, qui vous aidera à vivre une vie lumineuse, riche de sens et magique.

Rouge

Le rouge est omniprésent dans notre vie quotidienne. Il est révolutionnaire, ambivalent et puissant. Il attire l'œil, stimule la colère et nos fantasmes, nous avertit d'un danger et nous pousse à l'action. C'est une des couleurs les plus fascinantes et contrariantes qui soit. Il contient nos rêves, mais aussi notre survie, à la fois le problème et la solution.

Le rouge nous invite de manière autoritaire à nous arrêter, évaluer rapidement une situation et agir. Il nous pousse à la révolution, la rébellion, et à braver les interdits. Comme un garde-fou, cette couleur nous donne une indication selon laquelle les choses doivent changer, que la société est en pleine mutation et que l'ordre donné ne peut être accepté. Tout peut basculer en un instant, se métamorphoser.

Le rouge offre une opportunité de croître et de transformer le négatif en positif. Il nous fait réagir, vient nous chercher dans nos retranchements. Il nous demande de sentir la connexion à l'énergie Feu de la terre, de renaître de nos cendres, d'aller au-delà de ce que nous connaissons de nous-mêmes. Le rouge nous oblige à changer en nous offrant une porte de sortie vers un nouveau niveau de jouissance et de rapport à la vie.

Le rouge invite le féminin à s'exprimer, à danser, à trouver de nouvelles solutions plus adaptées. Il propose un autre chemin. Il représente notre force d'accoucher de nous-mêmes, de réaliser notre force intérieure et d'agir en conscience et sans compromis.

Il serait dommage de nous priver d'une telle force. C'est un tremplin vers un nouveau monde. Un cri du cœur, un éclat de colère, un appel au secours. Face à l'incompréhension, la rage monte : une grande et grosse colère éclate. Quand les consignes n'ont pas de sens, quand nous voulons penser par nous-mêmes, découvrir la vérité, bousculer l'ordre établi, le rouge nous donne la force d'agir. Mais à quel prix ?

Cette colère révolutionnaire fait écho chez moi à l'adolescence. Une période où les incompréhensions, l'injustice et les émotions se bousculent. Si ambivalente et pourtant pleine de solutions pour changer le monde, elle est souvent mal vécue. « Nous n'écoutons pas ce que vous dites, nous écoutons ce que vous faites » professe Thomas d'Ansembourg lors de ses rencontres avec les jeunes[2]. Les incohérences que nous observons à cet âge nous déboussolent. On ne sait quoi faire de sa colère et on se confronte à ses parents avec la même violence que celle qu'ils nous ont imposée. Rien ne change. Le détachement, couper le lien, s'opposer à eux, nous fournira une solution de survie. La métamorphose n'est pas là. S'affranchir du regard de ses parents, honorer ses idées, se rassembler entre jeunes, s'enflammer pour de nouveaux projets, voilà ce qui apportera la solution.

2. Ancien avocat belge, conférencier et auteur de *Cessez d'être gentils, soyez vrai* (Éditions de l'Homme, 2014), vendu à plus d'un million d'exemplaires. Plus récemment, il a écrit *Notre façon d'être adulte fait-elle sens et envie pour les jeunes ?* (Éditions de l'Homme, 2020).

Albert Einstein disait : « La folie c'est de faire toujours la même chose et s'attendre à un résultat différent. » Nous avons essayé la révolution, les manifestations et d'imposer notre point de vue. Cela n'a pas marché. Pourquoi recommencer ? Serions-nous une société folle ? N'y aurait-il pas une autre solution en nous ? Ne pourrions-nous pas tenter autre chose en commençant par travailler sur nous-mêmes ? Blâmer l'extérieur, critiquer à tout va le système, ne changera rien en profondeur. Une solution émergera d'un nouveau niveau de conscience de notre société. Avec les mêmes outils que ceux que nous condamnons, nous ne pouvons changer l'ordre. C'est grâce à un nouvel élan de conscience collective que la solution se présentera. Le basculement se fera alors. Le rouge nous aide à trouver la force, le courage et l'énergie pour laisser la place au nouveau.

Face au rouge de la colère ou de l'incompréhension qui bouillonne en nous, je trouve particulièrement efficace le rituel du pardon hawaïen, le *Ho'oponopono*[3]. Il contribue à

---

3. Pour mieux comprendre le Ho'oponopono, regardez mon

apaiser, pardonner, et transmuter ce que nous vivons de difficile en force. La colère est alors transformée en opportunité, en idée, en amour. Utilisée par les familles hawaïennes depuis toujours pour retrouver la paix, cette pratique a été adaptée aujourd'hui en mantra : « Désolé. Pardon. Je t'aime. Merci. » devenant des mots précieux pour se reconnecter à soi et à sa sagesse intérieure. Partant du constat que ce que nous vivons à l'extérieur de nous est le reflet de nos blessures intérieures non résolues, ce rituel permet de débloquer certaines situations qui semblent hors de notre portée : dispute, virus, contraintes imposées peuvent être vécus plus sereinement. En assumant les difficultés que l'on vit, nous pouvons surmonter les maux, les pensées, les défis et les difficultés que nous traversons.

Choisissez, par exemple, un événement ou une personne pour commencer la pratique Ho'oponopono. Imaginez cette personne en face de vous et adressez-lui le mantra. Répétez-le

---

interview de Maria-Elisa et Jean Garciet auteur *de Trouver la paix intérieure avec Ho'ponopono pour les Nuls*, éditions First : https://www.youtube.com/watch?v=tdflsqLd0w0

autant de fois que vous le souhaitez. Observez vos sensations corporelles, ce que cela vous procure, et notez les idées qui vous viennent.

J'ai longtemps voulu bousculer les interdits et renverser les difficultés par moi-même. Une force masculine m'habitait, me poussant à atteindre mes objectifs, à y aller, quelles que soient les conséquences. Je pensais savoir. Mieux savoir que la vie elle-même. Elle cherchait pourtant à me guider.

Pas simple de faire face à une réalité qui semble nous dépasser, une situation que l'on ne comprend pas. Et pourtant, je savais que la situation ne me convenait plus. J'avais trop de doutes, de pleurs et d'angoisses. Mon corps, lui aussi, me montrait que je faisais fausse route. Je perdais mes cheveux, et de la rosacée était comme sortie de nulle part sur mon visage. La maladie révélait mon mal-être. Pourtant, si tout ceci venait bien de mon for intérieur, les changements à mettre en œuvre dans ma vie étaient plus difficiles à appliquer. J'avais secrètement peur de perdre mon travail, mon statut social, de perdre la face aussi ! Face à quoi ? Aux autres, à mes collègues, à mon boss, à mes parents.

Je me perdais petit à petit dans un travail qui ne me convenait plus. Je n'arrivais plus à remonter à la surface, je m'enfonçais. Je dépensais de plus en plus d'énergie dans mon travail, j'y passais plus de temps, mais cela ne suffisait pas. J'en avais perdu le sommeil. Je me persuadais que je n'étais plus à la hauteur. Je me donnais raison.

Un jour, j'ai reçu un coup de fil de Peter, le PDG de l'entreprise londonienne pour laquelle je travaillais : « Lilou, j'ai une mauvaise nouvelle. » Il a marqué une pause. Elle m'a semblé durer une éternité. « Tu vas être licenciée. Nous ne pouvons plus te garder. » Mon cœur battait très vite. Ma vie venait de basculer. J'avais pourtant quitté les États-Unis pour prendre ce poste. J'avais déménagé, changé de pays. Depuis six mois, je m'étais investie dans cette entreprise. J'aurais pu y trouver ma place et apporter mon savoir, mais j'ai craqué. Je n'ai pas pu continuer. J'ai perdu confiance. Mon patron me soutenait, certainement trop. J'étais devenue la « chouchou » et cela dérangeait. Malheureusement pour moi, le vent a tourné, et je suis devenue au bout de quelques mois sa tête de Turc. Il me criait dessus en réunion, me harcelait. Je n'étais pas la première à qui cela arrivait. Personne n'avait osé en parler, le dénoncer. Je ne l'ai pas fait non plus. Je me contentais, dans l'ombre, de pleurer et de dégrader ma santé. Mon corps supportait de moins en moins que je repousse sans arrêt mes limites. J'étais en *burn-out*[4]. Tristement, je me perdais et ma santé déclinait. Tous les signes étaient au rouge. Je ne voulais pas rentrer dans son jeu, mais pas le dénoncer non plus, ni partir. Je ne m'offrais pas de porte de sortie, mais la vie en trouva une pour moi. Un peu radicale et rapide, certes, mais efficace. Je le remercie aujourd'hui car je n'aurais pas eu le courage de partir de moi-même.

Quelques heures après avoir été virée, j'ai ressenti le besoin d'enregistrer mes pensées, émotions et actions pour attirer le job de mes rêves, puis à les coucher sur le papier. Être vulnérable et authentique, dire les choses telles que je les traverse m'a fait du bien. Ce que j'avais appris en l'an 2000, grâce à un premier stage de développement personnel, c'est que quand une personne

4. « Qu'est-ce qu'est le burn-out et comment l'éviter ? », voir mon interview du Dr Kamami sur ce sujet : https://www.youtube.com/watch?v=VNf7Mio58-U

ose dire les choses en endossant cent pour cent la responsabilité de ce qu'elle vit, le changement devient possible. Mon souhait était d'évoluer vite, mais je n'étais pas prête à en parler. Seul mon journal intime était mon confident. Je me sentais humiliée, incompétente, nulle et incomprise.

Perdre mon emploi était pour moi une occasion rêvée de mettre en application les outils de développement personnel et spirituel à un moment où j'en avais vraiment besoin. Je posais mes intentions, me laissais guider par mon intuition, ajustais mes pensées, visualisais mes rêves. J'avais appris que le cerveau ne fait pas la différence entre la réalité et l'imaginaire. Alors, j'ai pris le temps de visualiser et de ressentir la joie de vivre mon rêve. Tel un athlète préparant sa compétition, pour performer au mieux, j'invitais la vie à me soutenir dans mon envol. Je pouvais maintenant vivre, et non survivre. Cela me rappelle un passage du livre de Neal Donald Walsh[5] que j'ai interviewé : « Lance-toi. Fais ce

5. *Conversation avec Dieu*, par Neale Donald Walsh, éditions Riane, en 4 volumes. Neale Donald Walsh est passé de sans-abri à auteur à succès en appliquant les principes enseignés dans ce livre.

que tu aimes vraiment. Ne fais rien d'autre. Tu disposes de si peu de temps. Comment peux-tu envisager de gagner ta vie en faisant quelque chose que tu n'aimes pas ? Ce n'est pas gagner sa vie. C'est gagner sa mort. »

Cette période m'a permis de redéfinir le succès… Est-ce d'avoir un job que mes parents, ma famille et mes amis trouvent formidable et passionnant ? D'avoir de l'argent qui arrive régulièrement et en abondance sur mon compte ? À quel prix ? Angoisse, anxiété, climat parfois difficile à supporter au travail ? Je décidais de ne plus vivre selon des critères de réussite qui m'étaient dictés par d'autres. J'avais envie de vivre une vie sur mesure, de la réussir selon mes critères. D'avoir une satisfaction profonde et permanente.

Depuis plus de huit ans, je m'intéressais à la loi de l'attraction[6]. Je savais que le hasard n'existe pas. Il y avait donc une raison à ce qui m'arrivait. Je suis Youtubeuse. Ma passion pour créer du contenu inspirant m'apporte beaucoup de bonheur. Mais

6. La loi de l'attraction est une loi universelle selon laquelle nous créons notre réalité au travers de nos pensées, émotions et vibrations.

je ne voyais pas alors comment en faire un métier. Pour trouver de nouvelles réponses grâce à la loi de l'attraction, il me fallait monter en vibration. Plus mes vibrations sont hautes (en clair : plus je suis joyeuse et sûre de ma capacité à attirer ce que je souhaite et sais possible), plus j'attire rapidement à moi ce que je souhaite : le job de mes rêves. Pour monter en vibration, il me fallait conserver mon abonnement à la salle de sport, manger sainement, précélébrer toutes les belles choses qui allaient venir à moi, être reconnaissante pour cette étape de vie car elle m'avait aidée à savoir ce que je ne souhaitais plus : un travail stressant, un patron qui me harcèle moralement, une équipe livrée à la compétition interne et une dichotomie entre mes aspirations profondes et mon job. Me faire du bien était ma priorité pour être inspirée, productive et entrer dans un vortex d'énergies ascendantes. Concrètement, un mois plus tard, j'avais auto-édité mon premier livre[7] démontrant comment attirer le job de ses rêves en trente jours.

7. *I lost my job and I liked it,* auto-édité en anglais en 2009, puis publié par les éditions Trédaniel en 2011 en français sous le titre de *J'ai perdu mon job et ça me plaît.*

J'aime rêver grand. N'oubliez pas que j'ai habité aux États-Unis, où tout est possible (du moins c'est ce que l'on apprend à penser). Une fois revenue en France, on m'a dit que mes rêves étaient démesurés. C'est vrai, je rêve en grand, mais ce n'est pas un tort. Pour moi, ce sont des rêves extraordinaires et possibles à réaliser. La clé est que je ne me contente pas de rêver, je permets à mes rêves de se réaliser. C'est ainsi que j'ai rencontré Oprah Winfrey, Wayne Dyer, le docteur Joe Dispenza[8], ou encore mon mari. Le mécanisme est toujours le même. Poser une intention, s'aligner au niveau vibratoire avec elle, écouter et agir rapidement, écouter les signes, voir au-delà des apparences, rester ouvert, remercier par avance avec beaucoup de joie en anticipant la manifestation de son intention. Puis remercier une fois que celle-ci a eu lieu. Aussi extraordinaire que cela puisse paraître, si vous pouvez être certain que cela

8. Le docteur Joe Dispenza est l'auteur de plusieurs best-sellers dont *Devenir super-conscient* aux éditions Trédaniel. Je l'ai rencontré chez lui près de Seattle, en 2011, et organisé pour lui, depuis de nombreuses années, des conférences et séminaires en Europe.

va se produire, alors attendez la prochaine instruction, impulsion, pour prendre le chemin le plus adapté et rapide pour vous.

Rouge comme la femme en robe rouge que j'ai vue dans un rêve. Ce rêve n'était pas comme les autres. Je m'en souvenais car il était très clair, détaillé et ses révélations troublantes. J'étais en pleine tournée européenne d'interviews, quelques années après avoir perdu mon emploi et fait le tour des États-Unis une caméra à la main. Entre-temps, j'avais rencontré un homme sur Internet avec qui je vivais. Nous étions en couple depuis plus d'un an. Ce rêve était clair : mon compagnon venait de me tromper. Il n'y avait là aucun doute. Dans ce rêve, je sentais son désir pour cette femme, ses mensonges et sa fuite. Mais que faire d'un tel rêve ? En rentrant de voyage, mon intuition me guida à vérifier le nombre de préservatifs qu'il nous restait. Je ne suis pas très fière de moi, à vrai dire, mais j'avais des doutes à son propos depuis le début. Il en manquait un. Je recomptais et vérifiais mon carnet sur lequel j'avais écrit discrètement leur nombre avant de partir. J'avais pressenti que je devais le noter. Mon mental allait me jouer des tours en remettant en question mon rêve et mon intuition. Oui, il en manquait un. Je recomptais et demandais une triple confirmation en m'adressant directement aux anges. Je les invoque alors en m'adressant directement à eux à voix haute : « Mes anges j'ai besoin de votre soutien. Donnez-moi un signe clair. » Une seconde plus tard, j'aperçus une plume noire devant la porte d'entrée de notre maison. La rapidité avec laquelle ce signe s'est présenté à moi, sa congruence, et la validation intérieure que je ressentais, venaient de confirmer pour moi la trahison. Je devais maintenant m'armer de courage et en parler au coupable. Je lui avouais ce que j'avais fait, l'avoir fliqué, mais je voulais une explication. Tout gêné, le regard fuyant, le timbre de la voix affaibli, il me fit croire qu'il avait joué avec son fils aîné et fabriqué une bombe à eau avec. Je lui demandais la vérité, mais il n'avoua rien. J'avais toutes les preuves qu'il me fallait. En étant sincère avec lui, en allant au-delà de ma zone de confort, en osant lui dire ce que j'avais fait, en écoutant le message de mes rêves, j'avais pu agir selon mon intuition. Cela m'a permis de vivre un moment de profond respect envers moi-même. Il n'y avait plus de masque. Le sien avait également disparu, à ses dépens. J'étais en lien avec mon féminin, j'avais intégré ce qui venait de se passer, j'étais au contact de ma vraie puissance. Je me sentais libérée et soulagée, prête à évaluer la suite des événements en toute sérénité. Cette trahison m'avait permis d'apprendre à faire confiance à mon intuition, et ce dès les premiers signes.

Rouge comme le rubis de l'œuf de Yoni que j'ai porté en Allemagne, en octobre 2017, pour faire l'amour avec mon mari. Cette nuit-là, une petite fille m'a rendu visite. Oui, c'était mon premier rêve prénatal. Je n'étais pas encore enceinte, et pourtant, ce soir-là, l'âme d'une petite fille, joyeuse, perchée sur une balançoire, est venue me rejoindre. Nous étions à Munich, à un grand congrès sur le thème des pierres, à la rencontre de nos œufs de Yoni. Mon livre sur le sujet devait paraître en mars 2018[9]. Je finalisais mes écrits et je souhaitais créer une

9. *L'œuf de Yoni, le féminin révélé et libéré* (Éditions Leduc, 2018). Ce livre est une introduction à l'utilisation de l'œuf de Yoni, ses bénéfices, comment choisir sa pierre et l'utiliser dans son quotidien pour renforcer le périnée, et éveiller sa sexualité.

collection d'œufs[10] pour l'éveil de la femme. J'avais demandé à Elizabeth Beaumont, une gemmologue québécoise, de nous accompagner dans nos démarches et ainsi de bénéficier de son expertise. Je l'avais rencontrée lors de ma première tournée d'interviews au Canada. Elle m'avait accueillie gratuitement dans son Airbnb au cœur de Montréal pour soutenir mon initiative. Nous avions suivi nos évolutions respectives.

Heureuse de contribuer et de visiter l'Europe, elle avait accepté notre invitation et nous avait offert un œuf de Yoni en rubis sculpté, poli à la main par son compagnon, Patrick. Cet œuf, d'un rouge foncé, sanguin et mat, m'attirait. Je l'avais en moi, au fond de mon vagin, ce soir-là, quand mon mari m'a fait l'amour. Nous avions envie d'essayer l'œuf dans ces circonstances. Ce n'était pas la première fois que je portais en moi un œuf de Yoni en pierre, mais c'était la première fois qu'un rubis était en contact si profond avec mon corps de femme. Cette nuit-là restera gravée

10. *Les Œufs de Lilou*, collection de 8 pierres, à retrouver sur www.lesoeufsdelilou.com

en moi pour toujours. La vision de cette petite fille était plus réelle que jamais. Elle naquit fin avril 2019.

Rouge comme le sang de la femme qui s'écoule tous les mois, et qui nous permet de donner la vie. Rouge comme la colère ou la joie que l'on éprouve dans l'intensité de l'instant. Rouge comme l'accouchement, ce petit être sortant de mon corps entaillé, libéré. Quelle douleur intense, mais quelle grande joie ! Quel contraste d'émotions pendant et après cette longue gestation ! Comment être indifférente aux émotions, aux douleurs et aux nouveautés qu'un tel petit être apporte dans notre vie. Joie de pouvoir transmettre la vie, lui permettre d'être incarné sur Terre. Non sans peur, ce bébé passe d'un milieu aquatique à un monde aérien, un long voyage entre les mondes. Il navigue avec puissance et force, et fait le choix de venir au monde, de traverser vents et marées pour venir sur Terre, déjà « sélectionné », meilleur parmi les meilleurs, le sperme et l'ovule se sont rencontrés. Quelle merveille de la nature, quelle incroyable alchimie dépassant la compréhension ! Un mystère. Un miracle de la vie, qui nous rappelle que nous sommes un miracle. Quelle incroyable et courageuse aventure que de venir au monde. Choisir la vie plutôt que la mort lors de ce passage vertigineux vers la sortie, au bout d'un tunnel. Quelle témérité, quelle audace ? Pour nous incarner, nous avons combattu de nombreuses tempêtes, bravé la mort. Nous sommes habités par une force inouïe et mystérieuse qui ne cesse de me fasciner. Nous sommes, dès le plus jeune âge, pleins d'un ailleurs connecté que nous perdons d'abord, avant de le retrouver avec le temps. Certains en seront mélancoliques sans comprendre pourquoi, d'autres déploieront tous les efforts nécessaires pour vivre cette sensation dans la matière, et ainsi s'éveiller.

Rouge comme la puissance demandée à la mère pour faire naître son enfant. Rouge comme la détermination du bébé pour s'incarner. Rouge comme l'accouchement. Ce sont dans ces phases initiatiques de la vie que nous côtoyons nos limites, le danger et parfois la mort. On se sent seul face à une gigantesque montagne à franchir.

Rouge aussi comme le doux poncho en mohair et soie que je porte aujourd'hui. Doux, cosy, affectueux, tendre, me donnant envie de méditer, de dépasser mes croyances limitantes qui me tétanisent parfois. Le rouge qui appelle au changement, à l'action, au dépassement de soi. Il nous demande de découvrir un monde meilleur en nous. D'oublier les croyances qui entravent notre épanouissement, de laisser la colère monter pour découvrir ensuite la tendresse. Il nous amène à l'introspection pour mieux extérioriser nos envies, nos fantasmes, nos besoins de tendresse non satisfaits. Si je porte ce poncho aujourd'hui, c'est parce qu'un jour j'ai osé changer de job. J'ai osé demander de l'aide. Si je porte aujourd'hui ce cadeau, c'est parce que j'ai déclaré que je souhaitais cocréer, être au service du Divin. Qu'on le veuille ou non, nous ne sommes jamais seuls. J'étais en chemin vers l'autre. Je cocréais déjà avec l'invisible, avec l'énergie de vie, avec les personnes autour de moi. Certes, ce n'était pas une cocréation toujours positive, mais je cocréais. De le savoir, de le comprendre, de l'expérimenter m'a consciemment permis de m'éveiller à mon pouvoir créateur. Quelle joie de savoir que l'on peut créer en nous le monde de demain ! Quelle joie de savoir que je n'ai pas à le faire seule, que les autres acteurs de ce changement sont, eux aussi, en chemin !

Le rouge vient de plus en plus souvent à ma rencontre. Rouge est la couleur de mon nouveau sac à main déniché sur Vinted, de mon grand sac Mini pour mes caméras d'interview, de la couverture de mon premier livre[11], la couleur de mon prochain *Défi des 100 jours*[12], de mon sweat à capuche venant de Crans Montana, en Suisse, de mon très grand fauteuil en cuir, qui trône dans notre salon face aux pins, de mon nouveau poncho en mohair offert par une cocréatrice éleveuse de moutons, de la petite boîte qui contenait ma bague de fiançailles, de mon haltère de quatre kilos pour les séances avec notre coach sportif, et de mes nouveaux chaussons en laine. Le rouge est présent dans ma vie et il m'ancre dans une réalité qui m'inspire.

11. *J'ai perdu mon job et ça me plaît. 30 jours pour trouver l'emploi de mes rêves grâce à la loi d'attraction*, éditions Guy Trédaniel, 2011.

12. *Le cahier d'exercices du Défi des 100 jours pour booster son cerveau et son corps*, éditions Guy Trédaniel, mars 2022, co-écrit avec David Bouih.

Et vous, quel effet le rouge a sur vous ? Essayez de remarquer tout au long de la journée si cette couleur est présente dans votre vie, son impact et l'effet qu'elle a sur vous.

Aujourd'hui, l'onde rouge vous soutient. Faites appel au rouge, invoquez-le. Quel rouge est venu à vous et que vous a-t-il permis d'expérimenter ?

Faites appel au rouge lorsque :

- Vous avez besoin de courage ou d'agir.
- Vous souhaitez amplifier votre visibilité, votre réputation et votre succès.
- Vous faites du sport et devez faire appel à votre force musculaire.
- Vous avez froid ou êtes fatigué.
- Vous souhaitez manifester votre puissance.
- Votre cœur est fermé.
- Vous souhaitez vous libérer de votre passé et inscrire une nouvelle vision de vous-même.
- Vous souhaitez éveiller la passion.
- Vous recherchez ancrage et stabilité.
- Vous souhaitez affirmer votre vérité et votre vision avec vulnérabilité et authenticité.

Orange

Cette couleur est pour moi synonyme d'hymne à la joie, de précélébration, de convivialité, de partage, mais aussi de libération, de vitalité et d'enthousiasme. Elle peut nous enseigner beaucoup de sagesse et de compassion. Couleur assez discrète malgré sa tonalité, elle fait écho à notre intimité et aux couchers de soleil. L'orange est plus présent dans certaines cultures que dans d'autres. Qu'a-t-elle à nous dire sur notre société, sur nos croyances, sur nos coutumes ? L'orange, en version safran, est porté par les moines tibétains. Synonyme pour certains de renonciation matérielle, de richesse intérieure, spirituelle, elle est aussi l'engagement fusionnel et concret vers ses aspirations. Dans de nombreuses cultures, l'orange résonne avec sagesse, maîtrise, recueillement, mantras et paix intérieure. Une couleur souvent associée au sacré.

Orange est une couleur qui ne laisse pas indifférente. Elle invite au renouveau, voire à une restructuration de notre façon de penser et d'agir. Nous comprenons que ce n'est pas un seul changement dont il est question mais que nos passé, présent et futur sont sur le point d'être bouleversés. Il n'y a pas un domaine de notre vie laissé pour compte. On scanne, transmute, libère, change de perception à 180 degrés. Nous mettons les deux pieds dans notre rêve. En d'autres termes, nous agissons et vivons nos valeurs, nos convictions.

Tel a été mon cas depuis le *Juicy Living Tour*, dont le logo était de couleur orange. Le terme « *Juicy* » désignant la qualité délicieuse et juteuse de la vie, pleine de vitamines, de vibration. Mon *Juicy Living Tour* a commencé en janvier 2011 aux États-Unis, à Santa Fe, au Nouveau-Mexique. Lieu hautement connecté à la nature, où chamans, guérisseurs, auteurs et artistes se côtoient autour d'un grand feu de bois, pour remercier la terre et les ancêtres. Une terre sacrée qui m'a profondément touchée car elle a marqué une étape importante de ma mission de vie. Je me suis lancée dans une tournée d'un an d'interviews. Personne n'avait jusque-là diffusé gratuitement sur YouTube une telle somme de contenus sur la conscience. Mes invités étaient des habitués des plateaux de télévision et pourtant, en voyant mon enthousiasme, ils avaient accepté de partager leur savoir, devant ma minicaméra Flip portable. Le *Juicy Living Tour* a rapidement connu un succès auprès du public. Le bouche-à-oreille était efficace et de généreuses donations pour soutenir ma tournée s'ensuivirent. Je vivais un rêve éveillé.

Une force intérieure inébranlable me poussait à avancer. Ce choix était non négociable. Il me fallait à tout prix partager cette information, interviewer, voyager, vivre cette expérience. J'avais tellement d'enthousiasme que je pouvais faire jusqu'à cinq ou six interviews par jour sans ressentir de fatigue. Tout venait à moi : contacts, argent, idées, transport, hébergement, expériences pour accompagner ma transformation et celles des personnes visionnant mes interviews. « Bonjour mes délicieux cocréateurs » est alors devenu la phrase d'introduction de toutes mes vidéos. Démarrer avec ces mots m'a donné beaucoup de courage et de force à l'ouvrage. Ce fut une des périodes les plus énergisantes et enrichissantes de ma vie.

Ce rêve, je l'avais précélébré deux ans auparavant, peu de temps après avoir perdu mon travail. L'idée de ce rituel me vient de Floride. J'avais rencontré Daniel en 2001 dans un restaurant où j'étais serveuse. À la fin de mes études, fraîchement diplômée, j'étais venue m'installer à Fort Lauderdale, près de Miami. Mes débuts d'entrepreneuse ne me permettaient pas encore d'en vivre et j'avais pris ce job de serveuse. C'est dans ce restaurant chic cubain que j'ai servi laborieusement Daniel pour la première fois. Ce soir-là, alors qu'il célébrait un anniversaire avec ses amis, j'ai renversé du champagne sur sa belle chemise rose. Gênée, je me suis excusée et il m'a répondu : « Cela veut dire que tu auras beaucoup de chance. » Il venait de transformer un événement malencontreux en un futur lumineux. Daniel est devenu un ami, puis mon meilleur ami et un frère de cœur. Il m'a fait découvrir l'importance d'apprendre à s'aimer, de célébrer et d'accepter de recevoir ce qu'il y a de meilleur. Nous avons plusieurs fois précélébré en buvant du champagne Veuve Clicquot (l'étiquette de la bouteille est orange). Boire une coupe de ce champagne est devenu ma façon de précélébrer entre amis ce qu'il y a de positif dans notre futur ! Ne reste plus qu'à définir le rêve que nous souhaitons vivre !

Ce champagne a marqué cette étape et bien d'autres. Un rituel que j'ai refait il y a quelques jours avec mon mari pour précélébrer notre futur terrain. Nous avons emménagé à Lacanau, pas loin de l'océan, au milieu des pins. Nous avons trouvé notre coin de paradis et posé nos valises. Notre vie professionnelle est donc elle aussi appelée à trouver sa place ici pour écrire, interviewer, expédier[13] et créer localement. Nous avons donc ouvert une bouteille de Veuve Clicquot vendredi pour précélébrer l'achat du terrain idéal pouvant accueillir la prochaine étape de notre rêve. Pour cela, il est important

---

13. Avec mon mari, nous avons créé la *Librairie de Lilou* en 2016, peu de temps après notre rencontre. Notre site propose mes livres, des cartes et des pierres, mais aussi mes coups de cœur : www.lalibrairiedelilou.com

d'être précis sur ce que l'on veut. Dans notre cas, nous souhaitons créer un lieu écologiquement responsable, lumineux, proche des pistes cyclables, à moins de quinze minutes de la maison, le tout à un prix exceptionnel car ce projet sera pour son vendeur une magnifique opportunité de valoriser la commune.

Il semble que nous sommes ici bien loin de la renonciation matérielle des moines tibétains à la robe orange, ou du sacré. Pour le moment, je vais me contenter de parler de vibration. Cette précélébration est un geste de confiance en l'avenir, en la vie et en moi-même. Comme si c'était déjà fait et que je fêtais sa manifestation. Un alignement de fréquence, un match vibratoire, pour favoriser sa manifestation complète. Un remerciement, de la gratitude pour ce qui est et sera. C'est déjà fait.

Orange comme les braises sur lesquelles j'ai marché à Orlando en Floride lors d'un stage de Tony Robbins[14]. Sans me brûler, j'ai pu

---

14. Séminaire UPW (*Unleash the Power Within*) de Tony Robbins auquel j'ai participé en 2002, à Orlando, en Floride. Tony Robbins a coaché plus de 50 millions de personnes dans le monde pour les aider à libérer leur puissance intérieure.

dompter mes pensées pour traverser ces braises incandescentes. Ma pensée, ma détermination furent plus puissantes que les circonstances. Je ne m'autorisais aucune pensée de peur le temps de traverser ces braises orange. Là était la clé que notre coach nous avait apprise. Je ressortis de cette expérience étonnée, fière et enivrée d'avoir été au-delà d'une pensée limitante et paralysante. Je compris à cet instant que si je me conditionnais, visualisais, harmonisais mon corps et mon esprit, et concentrais toute mon énergie sur un seul but, déjà acquis, alors beaucoup de choses deviendraient possibles dans ma vie. Mes rêves seraient alors à portée de ma main. À cette époque, j'avais 24 ans, et signer un gros contrat pour ma propre agence Web, voyager dans les plus beaux endroits du monde était les objectifs qui m'animaient. Quelques semaines plus tard, je me retrouvais dans la vie trépidante de New York, à Manhattan, chez un client potentiel, l'Office du tourisme d'Irlande, pour signer un des plus gros contrats de ma vie, avec à la clé un voyage en Irlande en première classe, offert. Je peux vous certifier que lorsque j'ai franchi le seuil de ce bureau pour discuter des termes de mon offre, il était clair dans mon esprit que le « deal » était déjà conclu. J'avais zéro doute sur sa réalisation. Le cœur et l'esprit jovial et léger, j'avançais dans mon argumentaire vers une finalité que je connaissais. Quelques mois plus tard, j'étais dans une limousine avec chauffeur à faire le tour d'un magnifique pays au cœur tendre.

Conditionner mon esprit fut une expérience déterminante, révolutionnaire. À cet instant, je maîtrisais mon mental. Certes, pas de manière permanente, tel un moine bouddhiste, mais cet épisode marqua durablement mon esprit. La preuve en est, vingt ans plus tard, j'en parle encore et je l'applique !

Orange comme le feu qui crépite, qui nous hypnotise par sa beauté, sa fougue et sa puissance. Un feu qui peut réchauffer, donne la vie, mais aussi la reprendre. Orange, la couleur de la sexualité, mais aussi de la créativité. Orange comme l'indomptable lionne de la savane, et l'animal totem en chacun de nous. Orange comme la jouissance à l'état pur, et l'éveil de la

Kundalini[15] qui remonte tel un serpent le long de la colonne vertébrale jusqu'au sommet de la tête. L'orange est lié à la sexualité, à l'orgasme, à l'unité avec l'univers. Qui dit sexualité, dit libération de l'énergie créatrice, mais aussi libération des mémoires, des traumatismes engrangés depuis des années dans son corps, voire depuis des générations. Lorsque l'on s'intéresse à la sexualité sacrée, à un moment, on entend parler de taoïsme, des œufs de Yoni, de l'orgasme divin, ou encore de féminin sacré. Tel fut mon cas. J'étais célibataire et mes interviews m'ont conduite à vivre de nouvelles expériences sexuelles. C'est au Tao Garden, en Thaïlande, près de Chiang Mai, que j'ai rencontré Mantak Chia, Sarina Stone, Aisha Sieburth et José Toiran. Que de parcours et de connaissances avancées sur le taoïsme, enseignement millénaire, à partager avec le monde entier, sous forme d'entretiens. Que d'apprentissages sur le corps humain, les énergies Yin et Yan, sur la

15. L'éveil de la Kundalini peut être provoqué par le yoga, la méditation, des techniques de respiration ou encore la récitation de mantras. Elle active et libère les centres énergétiques et offre un accès direct à une plus haute conscience de soi.

fabuleuse pratique de l'œuf de jade, avec pour but de m'épanouir, prendre du temps pour moi et rencontrer l'homme de ma vie. Oui, mon plein épanouissement sexuel est arrivé plus tard dans ma vie de femme. J'étais une célibataire de 37 ans, prête à vivre de nouvelles opportunités, à me transformer sexuellement, et surtout à attirer l'homme de ma vie. L'œuf de Yoni, une pierre polie en forme d'œuf, que l'on insère dans le vagin pour tonifier le périnée, retrouver sa libido ou encore se préparer à l'accouchement, n'est pas ce qui m'a séduit pour oser insérer cet œuf dans la partie la plus intime de mon anatomie. Mais lorsque José Toiran m'a expliqué que mon rapport aux hommes allait changer grâce à cette pratique, j'ai commencé à écouter plus attentivement. J'attendais depuis des années LA rencontre. Mon horloge biologique commençait à me presser, je désirais devenir maman, et mon pouvoir d'attraction, rempli de toutes mes attentes, émettait un signal de plus en plus faible. J'étais en demande, j'étais moins charismatique, mais l'œuf de Yoni me proposait un nouveau scénario. Garder mon énergie sexuelle, être « autosuffisante » sans être fermée à la rencontre, rayonner de ma beauté intérieure, sereinement, consciente que la rencontre parfaite allait venir à moi. Bien entendu, cette pratique ne consiste pas seulement à choisir sa pierre et à la porter en soi. Je faisais aussi le travail pour me libérer de certaines blessures du passé, restées stockées dans mes parties les plus intimes. Eh oui, notre *chi* (énergie vitale) reste bloqué, nous retenant de vivre pleinement notre potentiel.

C'est ainsi qu'un an plus tard, souhaitant en savoir plus sur les œufs de Yoni et leur pratique, j'ai interviewé Aisha Sieburth, instructrice Tao. Au cours de mes différentes recherches et interviews sur le sujet, j'ai découvert le rituel de l'arbre et les soins des sources[16]

16. Le rituel de l'arbre est un soin que l'on peut faire soi-même, de manière autonome, et qui permet de prendre conscience des mémoires douloureuses subsistant dans notre arbre généalogique. En répertoriant nos émotions récurrentes, nous serons guidés vers des secrets de famille, pesant sur notre histoire familiale. La pratique consiste ensuite à écrire une lettre à ses ancêtres, leur pardonner et ainsi les libérer : https://www.odile-bruckert.com/le-rituel-de-l-arbre/le-rituel.php
Le soin des sources est une version plus avancée du rituel de l'arbre, qui permet de libérer les mémoires et les secrets venant des femmes de nos lignées ancestrales.

d'Odile Bruckert[17]. Cette pratique fait, elle aussi, partie de la couleur orange car elle nous donne accès à l'intimité et la sagesse de notre arbre généalogique. Nos ancêtres, et principalement les femmes, source de vie, sont les gardiennes des secrets de famille, et elles ont dû parfois préférer se trahir plutôt que dire la vérité. Elles ont fait de leur mieux, mais ces ombres du passé pèsent sur leurs vies, les limitent. Lorsque, nous les femmes, nos émotions semblent nous dominer, il est possible qu'elles ne nous appartiennent pas. Certaines d'entre elles ne sont en effet pas à nous, mais à nos ancêtres. Elles nous hantent. Lorsque l'on sent ce poids, les rituels que propose Odile permettent de libérer notre arbre généalogique, auxquels peut s'ajouter un travail transgénérationnel, sorte de décodage biologique.

Je suis intimement convaincue que nous sommes des âmes très courageuses. Nous avons choisi de nous incarner pour nous atteler au grand travail de nettoyage et de purification

17. Odile Bruckert, à retrouver sur https://www.odilebruckert.com

que nos ancêtres n'ont pas fait. Nous avons répondu présentes à l'appel, nous sommes incarnées en connaissance de cause. Nous sommes équipées pour cela et avons en nous les réponses à ce basculement des consciences. Nous nous sommes choisies et avons dit oui.

L'envie de rencontrer des moines tibétains, des rinpochés[18], ou le Dalaï-Lama (à précélébrer et à manifester) titille ma curiosité. J'ai eu l'opportunité d'interviewer plusieurs rinpochés, et une nonne française bouddhiste qui vit au Tibet et qui a gravi plusieurs fois l'Everest. Toutes ces rencontres sont associées à la couleur orange, couleur sacrée, couleur de l'éveil et même parfois de la dévotion. Ces hommes et ces femmes se sont présentés sur mon chemin professionnel. Le Tibet, les moines, les mantras viennent à moi régulièrement. Me reviennent en tête plusieurs entretiens dont la sagesse me paraît ici importante à souligner, puisque nous parlons d'orange.

18. Un rinpoché est un moine tibétain, un lama incarné, c'est-à-dire la réincarnation d'un grand maître du bouddhisme tibétain.

On ne peut parler de cette couleur, sans parler de sagesse, et donc d'éveil. Ce jour-là, à Paris, au cours d'une interview, je demande à un jeune rinpoché, qui a été reconnu dès son plus jeune âge comme une réincarnation d'un maître tibétain, de me dire comment il voyait l'éveil, il me répondit : « L'éveil, c'est la paix. La fin de tout mal-être, de toute souffrance. La source de cette paix, de cette sagesse, c'est le discernement. C'est-à-dire ne plus s'égarer et se méprendre à propos de soi-même et de la réalité. Cette sagesse s'appuie sur le pouvoir de concentration. C'est la sagesse qui est directement cause de l'éveil. [...] C'est donc accéder à la fin de tout mal-être pour soi, mais c'est aussi un moyen de venir en aide à autrui. C'est une voie fondée sur l'altruisme, sur la compassion, sur l'amour. »

Ce jeune moine habillé en costume occidental m'intriguait. Je l'interrogeai : Où était passée sa tenue orange ? « Naturellement, on imagine qu'un bouddhiste devrait avoir le crâne rasé et un accoutrement particulier, me dit-il. Être bouddhiste, c'est cultiver l'éthique, la méditation et la sagesse avant tout. » Puis, il prononça ces mots de sagesse, qui prennent encore plus de sens aujourd'hui : « Nous vivons une période trouble. Nous vivons des guerres, des maladies, il y a toutes sortes de problèmes. Quand on regarde bien, l'essence de tous ces problèmes se situe en nous, dans nos pensées. La poursuite du gain, du profit pour soi, la volonté de détruire ses ennemis, l'indifférence aux autres, car nous ne nous sentons concernés que par nous, est la cause de la pollution, des guerres, des problèmes. Si on observe ce qu'il y a de bien dans le monde, on voit que les personnes qui ont fait ce bien éprouvaient de la bonté, de la compassion. »

Marion appelle cela la tendresse. J'ai rencontré Marion Chaygneau-Dupuy en Thaïlande. Elle a escaladé quatre fois l'Everest et habite au Tibet. Cette femme âgée d'une quarantaine d'années est originaire de Dordogne. Son destin l'a amenée très jeune à étudier auprès de maîtres et à devenir nonne bouddhiste. Son récit, *Respire, tu es vivante*[19], m'a touchée. J'ai adoré son livre et je l'ai interviewée. Certains passages m'ont

19. Aux éditions Massot, 2020.

marquée. En voici un extrait : « L'ignorance nous fait percevoir le monde sous une forme duelle : c'est la dualité entre des objets "extérieurs", qui sont perçus, et notre esprit "intérieur", qui perçoit et qui est le siège de l'*ego*. »

Et Marion ajoute : « Il n'y a pas de distinction entre "moi" et le reste du monde, tout se rejoint, une fois abolies les illusions de l'*ego*, dans un espace qui est vacuité. Cette nature fondamentale de l'esprit ne doit pas être confondue avec le vide, ce qui entraînerait une vision nihiliste. Au contraire, la "vraie nature de l'esprit" est lumière, une clarté spirituelle qui rend possibles toutes les expériences et intelligences, dans une liberté sans limites. »

Ses parcours spirituel et physique s'entremêlent et me fascinent. Elle dépasse ses limites dans des conditions extrêmes, à plus de 8 000 mètres d'altitude, au sommet du monde. Pour Marion, c'est l'Everest qui lui apportera une nouvelle clé dans son éveil : « Avancer en cordée m'a confirmé l'adage : "Seule, je peux aller plus vite, mais ensemble nous pouvons aller plus loin". Au-delà des identités que je m'étais construites – réussir seule, être la première, me sentir forte dans mon isolement –, je fais désormais l'expérience des besoins qui nous relient. Connectées aux autres, nos ressources se démultiplient. » Puis, elle conclut brillamment : « Il n'y a rien à "faire", juste demeurer ouvert, sans effort. »

Phakyab Rinpoché, auteur de *La méditation m'a sauvé*[20], répondit lui aussi à mes questions sur le sacré, vêtu d'un habit traditionnel bordeaux et safran, en s'exprimant avec un accent anglais à couper au couteau. Cet abbé tibétain, réfugié à New York en 2003, fut hospitalisé d'urgence pour une gangrène sévère à un pied. Alors que les médecins souhaitent l'amputer, le Dalaï-Lama lui conseilla de chercher la guérison en lui-même et non à l'extérieur, par les prières et les mantras. Il lui dit de chercher la sagesse et la foi pour guérir, afin qu'il puisse les enseigner à son tour. Quelques années plus tard, sa sagesse a fait le tour du monde au travers de son livre. La guérison n'est pas un miracle, mais bel et bien le résultat d'un entraînement pratiqué de

20. Le Cherche Midi Éditeur.

longue date. Le fruit de la guérison est venu de la compassion et de la concentration bienveillante appliquées à son corps. Cela nous montre que le chemin pour y parvenir demande discipline, régularité et dévotion.

De même que gravir l'Everest pour Marion Chaygneau-Dupuy ne s'est pas fait en un claquement de doigts, la capacité d'apporter à son esprit des pensées bienveillantes, tout au long du chemin, semble fortement favoriser la transformation et l'accès au plus haut sommet à gravir dans sa vie. Un esprit ouvert et réceptif au changement pourra alors accueillir et transmuter la souffrance et la situation la plus compliquée.

Alors, saluons et honorons l'orange qui accompagne la sagesse et la transformation. Habituons nos yeux à voir cette couleur, à l'observer et à s'ajuster à ses fréquences. Quand l'orange vient dans nos vies, la peur et l'angoisse de l'incertitude se transforment en un feu intérieur puissant, qui va rallumer la flamme de nos passions et de nos créations les plus ardentes. Accueillons cette puissante couleur salvatrice, qui annonce avec chaleur l'arrivée d'un jour meilleur.

Orange comme le beau papillon qui vient de se poser à côté de moi. Orange comme le bon jus d'orange fraîchement pressé ou encore les légumes de saison que je mange en ce moment. L'orange est discret dans ma vie, mais je me rends compte qu'il a une place, et qu'il m'invite à voir la vie avec plus de recul, comme un moment sacré et unique à vivre à chaque instant, quelles que soient les circonstances.

Et vous, avez-vous beaucoup d'orange autour de vous ? Invitez aujourd'hui l'orange dans votre vie. Qu'appelle-t-il ? Que vous évoque-t-il ?

Aujourd'hui, l'orange vous soutient. Faites appel à l'orange, invoquez-le. Quel orange est venu à vous et que vous a-t-il permis d'expérimenter ?

Faites appel à l'orange lorsque :

- Vous avez besoin de vitalité.
- Vous cherchez à libérer des mémoires.
- Vous souhaitez explorer votre sexualité.
- Vous désirez voir le sacré de la vie.
- Vous voulez précélébrer vos rêves.
- Vous souhaitez dépasser vos croyances limitantes.

- Vous souhaitez partager généreusement qui vous êtes.
- Vous souhaitez vivre votre plein potentiel.
- Vous avez envie de savoir avec certitude que vos rêves et intentions vont s'accomplir.
- Vous avancez avec confiance et foi.
- Vous voulez regarder au-delà des apparences.
- Vous souhaitez contacter votre sagesse intérieure.
- Vous écoutez le message de vos émotions.

Jaune

Cette couleur donne le « *smile* » – le sourire – et met de bonne humeur. Couleur de la lumière et de l'énergie solaire, elle enveloppe, ressource et illumine. J'associerais le jaune au soleil, au rayonnement, au charisme, à l'abondance, à l'ambition et au grand amour en soi. Le jaune me fait penser à la générosité de la vie que l'on découvre en lui faisant confiance. La vie nous veut du bien. Quel changement de paradigme pour beaucoup ! Savoir que ce qui nous arrive n'est pas le hasard. Que tout a sa place et que notre réaction à chaque instant détermine notre évolution. Tout comme l'ambition fait elle aussi avancer vers des territoires inconnus et découvrir de nouvelles situations, le jaune amène à se dépasser, célébrer le positif, être de bonne humeur, confiant en l'avenir, surtout confiant dans l'instant présent. Chaque moment nous offre une opportunité de croître, d'évoluer. Nous avons parfois l'arrogance de croire qu'une situation ne nous apporte rien de bon, nous pensons mieux savoir que la vie. Nous jugeons sa couleur. La vie nous offre précisément à cet instant une clé pour nous affirmer. Tout est à notre portée : guérison, création, relations, abondance, joie et nouvelles idées. J'ai l'intime conviction qu'il manque une dimension à notre être, une dimension qui ne s'exprime pas ou peu dans notre société. Nous avons perdu notre lien à la vie, à la terre et à notre universalité. Nous diminuons notre lumière pour nous faire une place, être acceptés. Nous avons troqué ce lien pour une liberté extérieure, brève, pas vraiment satisfaisante. L'accomplissement de l'être humain n'est pas dans le faire, mais dans l'être.

L'*ego* peut se sentir menacé d'une telle perte de repères. Mais un jour, on décide qu'il ne sera plus maître à bord, mais notre « serviteur ». Alors la réelle ambition solaire, la joie de partager, d'aider, de créer nous guident. Non pas parce que l'on a appris que c'est bien de le faire, mais parce que cela nous permet d'exprimer une vérité qui nous touche. « On cesse d'être gentil pour être vrai »[21]. Nous ne jouons plus de rôle.

J'aime le jaune, je l'adore. Il m'offre un « *boost* de bonheur » pour retrouver mon équilibre émotionnel. Ses ondes sont positives et stimulantes. Il me recharge et me met en joie. Un vrai antidépresseur naturel ! J'ai beaucoup de jaune dans ma vie, et je vais à sa rencontre, je l'invite. Tout comme le soleil. Peut-être que la lionne en moi, née sous le chaud soleil de Californie au mois d'août, est la raison de cette adoration. J'ai toujours été convaincue des bienfaits du soleil. J'aime m'allonger au soleil pour me recharger. Le faire en conscience, en ouvrant mon troisième œil, est encore plus efficace. Et j'aime être efficace ! J'aime le soleil, la citrine, les tournesols. C'est simple, le jaune est ma couleur préférée. J'aime la porter, j'aime en voir autour de moi. Nous avons des fauteuils jaunes chez nous. Je porte des vêtements jaunes toute l'année, cela m'apporte bonne humeur, positivité et joie.

---

21. Titre du livre de Thomas d'Ansembourg, aux éditions de l'Homme (voir note 2)

Que diriez-vous d'un bon « bain de soleil » pour vous détendre ? Connaissez-vous la méditation au soleil ? Avez-vous entendu parler de la glande pinéale ? Aussi petite qu'un petit pois et de la forme d'une pomme de pin, cette glande endocrine, située au centre du cerveau, est un trésor. Véritable antenne, grâce à ses microcristaux, elle permet de se revitaliser au contact du soleil. J'ai découvert cette technique avec des taoïstes. Mantak Chia et Aisha Sieburth m'ont appris à méditer au soleil, et à me recharger en laissant la lumière pénétrer ma peau, mon troisième œil (situé au centre du front, au-dessus des yeux), ma glande pinéale, et ainsi recevoir plein de bonnes énergies. Et là n'est pas le seul intérêt de cette pratique. Ce qui a encore plus piqué ma curiosité, c'est de savoir que cette glande est une interface connectée à une partie multidimensionnelle de notre être. Émettrice de fréquences que l'on envoie à la vie, réceptrice de connaissances universelles, connexion entre l'univers et nous. Elle est une véritable antenne, un relais d'informations envoyées et reçues d'autres dimensions de notre être, de la vie, et des millions de galaxies.

En clair, elle permet de plus belles méditations, de recevoir de plus grandes idées, de se sentir relié à plus grand que soi, de percevoir sa vie avec plus de subtilité, d'agir avec plus de certitudes. Bref, on se sent relié. Connecté. « Super conscient » comme le dirait le docteur Joe Dispenza, un de mes grands chouchous, spécialiste des neurosciences et de physique quantique.

Je me sens plus connectée au Soleil qu'à la Lune. Les astres m'ont toujours guidée et je leur accorde de l'importance. Nous nous sommes incarnés à l'heure parfaite. Désirés ou pas. Prématurés ou pas. Notre heure d'arrivée n'est pas un hasard. La carte du ciel au moment de notre arrivée est unique, tout comme nous. Elle permet une lecture précise de notre vie, de ses chapitres, de son évolution et de sa révolution. Par exemple, c'est particulièrement fascinant de faire son thème astral avec quelques décennies de recul. On s'aperçoit que de nombreuses tendances y étaient inscrites. Pour Stella, notre fille, la vie en avait décidé autrement. Nous avons eu la chance de recevoir son thème astral en cadeau de naissance, offert par une astrologue[22] que j'ai souvent interviewée et qui est devenue une amie. Au début, j'étais un peu réticente pour une enfant si jeune. Mais après quelques hésitations, nous avons accepté ce cadeau, venu à nous. Sandrine nous l'a remis le jour de son mariage en Provence. Stella avait un peu plus de deux mois. Un petit livret bien présenté, animé de quelques photos de naissance de notre étoile, abordant avec douceur et positivité ses tendances, l'influence de notre propre thème sur le sien. Un émouvant moment de lecture quelques semaines seulement après sa naissance. Une perspective positive et réjouissante de l'orientation possible qu'elle aurait dans la vie. Rien de plus, rien de moins.

Durant deux décennies, j'ai cherché le grand amour. J'ai couru après, j'ai traversé les océans et les mers. J'ai changé de job, changé de ville et même de pays. Mais rien. Je l'ai cherché dans les coins les plus perdus, des pays dont je ne parlais pas la langue. J'ai espéré, cheminé, baroudé, je me suis remise en question, et je

---

22. Astroetik by Sandrine : www.astroetik.fr

l'ai trouvé. Mes erreurs de parcours n'en étaient pas. Elles m'ont permis de mieux me connaître, d'apprécier ce que j'avais d'unique, ce que je pouvais offrir. J'ai pris conscience que je méritais de recevoir moi aussi beaucoup d'amour. C'est maintenant inscrit dans mes cellules. Il est rapidement arrivé après cette révélation. Le grand amour, je l'ai trouvé d'abord en moi, puis chez un homme de 36 ans. Il est aujourd'hui mon mari. Nous nous sommes rencontrés alors que j'avais 39 ans. Je me suis souvent demandé si je me marierai, si je serai mère. Par moments, la peur domine, mais un jour j'ai ressenti tout l'amour que j'étais prête à donner et à recevoir d'un homme. Non pas pour combler un manque, mais pour partager un chemin. Ce que j'ai appris de cette étape de vie est que mon jaune intérieur rayonne si fort, qu'il en a effrayé plus d'un. La lumière menace l'ombre. Moi qui ai longtemps cru que je n'étais pas assez bien pour mes partenaires. Évidemment, j'échouais. Le jour où j'ai rencontré mon mari, je l'ai reconnu presque instantanément. Nous étions un « match vibratoire ». Nous étions faits l'un pour l'autre.

L'abondance est elle aussi un sujet que je trouve passionnant, car elle est liée à de nombreuses fausses idées sur la vie. Elle fait partie de la couleur jaune. Il ne suffit pas de travailler dur, de trouver une bonne idée, d'hériter, de gagner au loto ou encore d'être reconnu pour recevoir l'abondance de la vie. Par abondance, j'entends la générosité de la vie sous toutes ses formes. Car la vie est généreuse, il suffit d'observer la nature pour s'en persuader.

L'argent fait partie de cette abondance, mais il n'est pas son seul accès. Il est bon de rappeler ici que l'argent est neutre et que nous y projetons nos insécurités, nos angoisses tout comme notre enthousiasme et notre générosité. Dans les deux cas, on se trouvera de bonnes raisons. Peter Koenig[23], un Anglais expert sur la relation à l'argent, l'explique très clairement lors d'une de mes interviews : « L'argent fonctionne comme une projection, une idée dans notre tête qui est projetée sur un moyen neutre. Et si on est conscient de ce que l'on fait, alors on

23. Voir l'interview que j'ai réalisée de Peter Koenig, traduite de l'anglais au français sur https://www.youtube.com/watch?v=2RR7AQXeE6c

peut choisir ce que l'on souhaite projeter sur cet intermédiaire. »

On a donc le choix de projeter ce que l'on souhaite sur l'argent. « L'abondance circule naturellement, facilement vers moi. Je reçois tout ce dont j'ai besoin » peut être une affirmation vous permettant vous aussi de tendre vers une vision plus abondante de la vie.

Je dois vous avouer que je vis une vie de millionnaire depuis presque dix ans. J'ai tout ce dont j'ai besoin. Je me sens riche. La vie est généreuse avec moi : on me propose des maisons de rêve pour les vacances, des massages et des soins, l'accès à des connaissances et à des personnes de renommée internationale, qui me donnent des conseils. Nous habitons dans un coin de paradis, je voyage dans des destinations fabuleuses plusieurs fois par an, on m'envoie des centaines de livres gratuitement tous les ans, je pose ensuite toutes les questions que je souhaite à leurs auteurs, je choisis mes horaires de travail, et je ne me soucie pas d'où l'argent va venir. Je n'ai pas des millions sur mon compte et je vis abondamment. Cela m'a demandé de guérir quelques insécurités que je projetais au travers de l'argent. Il m'a fallu purifier d'anciennes pensées. Et gardez-vous de penser que tout ceci n'est lié qu'à mon travail !

Combien de fois avez-vous refusé l'abondance ? Observez votre quotidien ! Quelle est votre réaction lorsque l'on vous fait un cadeau : « Oh, c'est gentil, mais tu n'aurais pas dû », « Il ne fallait pas… » Pourriez-vous simplement ouvrir les bras, recevoir, apprécier ce cadeau ? S'attendre à ce que la vie nous offre le meilleur favorise l'abondance. La vie est avec vous, de votre côté. Pourquoi vous convaincre du contraire ? La vie est simple. Elle a envie de vous donner raison. La gratitude, de hautes vibrations, l'anticipation d'une prime qui vous tombe dessus, la joie de recevoir un cadeau, la visualisation de votre futur cadre de vie, font partie des techniques qui provoquent l'abondance d'idées, d'argent, d'opportunités, de rencontres. La vie vous apporte ce qu'il vous faut. Pourquoi se séparer de ce droit de naissance ? Comme le disait si bien Coluche[24] : « Si on écoutait ce qui se dit, les riches seraient les méchants, les pauvres,

24. Artiste comique (1944-1986).

les gentils. Alors pourquoi tout le monde veut devenir méchant ? »

Notre relation à l'argent est un reflet parfait de notre relation à la vie. C'est un excellent outil d'analyse et d'évolution.

J'ai commencé à expérimenter l'abondance en 2011, pas avant. Certes, j'avais eu une belle carrière, j'avais signé de gros contrats et j'avais roulé dans de belles voitures, mais je ne connaissais pas l'abondance. Faire ma tournée d'interviews filmées durant un an sur le continent nord-américain m'a fait rencontrer l'abondance. La générosité des donations de mon audience, les multiples interviews quotidiennes enrichissantes, les voyages à en couper le souffle, m'ont permis d'être surprise par la vie, sa magie, ou plutôt sa nature profonde. Je n'avais pourtant pas beaucoup sur mon compte en banque, mais je baignais dans l'abondance. Tout venait à moi, naturellement. J'avais l'impression d'être bénie des dieux. Il faut dire que je diffusais du contenu gratuitement en ligne. À cette époque, ma mère disait d'ailleurs ne pas très bien comprendre pourquoi elle m'avait payé des études de commerce. En effet, ce n'est pas ce que j'ai appris sur les bancs de l'école. Ma curiosité et mon envie de mettre en application les lois naturelles de la vie m'ont permis de voir autrement ce que mes parents ou mes professeurs m'ont transmis. Il m'a fallu de longues années de désintoxication pour parvenir à saisir que cette vision de la vie ne me rendait pas heureuse.

J'avais commencé à mettre des vidéos en ligne depuis 2006, mais cette abondance je ne la connaissais pas. Une force irrésistible me poussait à les faire gratuitement. Mon cœur s'était ouvert (comme je l'expliquerai à la couleur verte). Je n'avais plus autant d'attentes. J'étais sur un chemin qui m'inspirait. Plus je m'autorisais des petits plaisirs, plus ils venaient à moi. Je franchissais de petites étapes, me permettant de valider l'abondance : une meilleure chambre d'hôtel avec de bons oreillers aux matières plus naturelles et plus douces, une caméra et des lumières de qualité pour mieux filmer, une alimentation équilibrée, bio… Mon mantra était de m'honorer et de diffuser l'abondance. Je n'avais pas le choix. Durant cette tournée d'un an, je me déplaçais avec deux valises, mes deux bras et la réglementation aérienne me l'imposaient. Je me souviens de ce moment, en Orégon, aux États-Unis, où de passage chez des amis d'amis, la jeune fille de la maison, âgée de 15 ans, me complimenta sur mon sac à main. Je venais de l'acheter. Ces yeux pétillaient. Mon cœur a parlé. Je le lui ai offert sans réfléchir et je ne le regrette pas. Ce fut une belle expérience de lâcher-prise et de faire circuler l'abondance. Cette expérience est gravée à jamais dans mon cœur comme un exemple de partage. J'avais intégré un principe universel sur la loi de cause à effet. J'ai pu le vérifier à maintes reprises depuis, au cours de mes voyages et entretiens.

Certaines de mes interviews ont totalisé des centaines de milliers de vues sur les réseaux sociaux, qui ont généré pour les librairies, les éditeurs, les thérapeutes, des centaines de milliers d'euros de ventes, peut-être même des millions. Je n'ai rien reçu de toutes ces personnes ni des publicitaires, mais j'ai beaucoup reçu de la vie. Je suis convaincue que la générosité n'est pas linéaire. Elle ne vient pas forcément de la même personne ni au même moment dans le temps. Elle nous arrive, nous tombe dessus, multipliée par cent mille. Pour vivre cette abondance au quotidien, j'ai dû d'abord la vivre en moi. Me donner, m'inclure, partager ce que j'avais en moi, abondamment. La vie a alors déversé sa générosité sur moi. Je lui en suis très reconnaissante, tout comme je suis reconnaissante d'écrire aujourd'hui ce livre que vous aurez bientôt entre les mains. Pour la petite histoire, quand je fais une vidéo, une interview, un livre, je me sens déjà connectée à vous. À cet instant précis, nous sommes connectés. Le jaune nous connecte à la vie.

Jaune comme l'importance de savoir dire NON. Ce mot fait pourtant partie des tout premiers que nous prononçons vers l'âge de deux ans. Période indispensable au développement de l'enfant, à son autonomie, il apprend à se faire confiance, en imposant des rafales de NON. Si le NON est mal intégré à cette période, adulte, ce mot sera associé à la peur de l'abandon, des conséquences, de critiques ou de conflits : « Si je dis NON, on ne va plus m'aimer », « On va se moquer de moi » ou encore « Il va se fâcher ». Pourtant, répondre NON à une demande qui ne convient pas est source d'une grande liberté.

Oser dire NON amène à renforcer sa confiance en soi, à s'estimer. Cela s'apprend. Hervé Bazin[25] disait à juste titre : « Le refus, c'est un don. » Né dans le milieu de la bourgeoisie angevine, en 1911, il était destiné à des études de droit. Il les refusa catégoriquement pour imposer à sa famille son choix de l'écriture, en s'inscrivant à la Sorbonne en licence de lettres. Cet affront lui a permis de devenir un grand romancier français.

En s'entraînant à dire NON, sans se justifier ou s'excuser, on retrouvera pas à pas son pouvoir intérieur, sa place dans le monde, et sa façon de rendre ce monde meilleur.

Dernier point, non négligeable, le jaune « *booste* le cerveau ». Il développe la concentration et stimule l'activité cérébrale. Le jaune m'a aidée à étudier et mémoriser, tout comme la musique. À l'approche d'examens, tels que le bac, un concours d'entrée aux études supérieures ou un diplôme de fin de cycle, j'ai utilisé ces techniques. C'est lors d'un voyage dans l'Utah, au Zion

---

25. Écrivain, romancier et critique littéraire, auteur notamment de *Vipère au poing*, *La Mort du petit cheval* et *Cri de la chouette*. Hervé Bazin (1911-1985) a obtenu le prix Apollinaire, puis est devenu membre et président de l'Académie Goncourt.

National Park, chez des amis de mes parents, guides de montagne, que j'ai découvert l'album *Canyon Trilogy* de Carlos Nakai. La tonalité de la flûte enchantée amérindienne m'a permis de me relier à une partie de moi infiniment plus créative, plus connectée et plus lucide. Elle m'a aidée à entrer en cohérence cardiaque, et mémoriser plus facilement. Ce cadeau venait de Nina, une très bonne amie de mes parents lorsqu'ils habitaient Santa Barbara, mon lieu de naissance. Nina et Marcel vivaient sur un bateau et étaient de très bons clients du restaurant français de mes parents, *La Grange*. Habitant maintenant à la frontière du parc national de Zion, ils ont pour jardin une nature sauvage et majestueuse. Pour la petite histoire, vingt-cinq ans après avoir découvert Nakai, je l'ai interviewé dans sa maison en Arizona ! Un grand moment. Je me souviendrais longtemps de ce que cet homme a osé faire et avouer lors de notre rencontre[26]. Malgré les critiques des siens, il a partagé son héritage culturel avec des millions d'auditeurs. Quand

26. Mon interview de Carlos Nakai en anglais sur https://www.youtube.com/watch?v=Ah2yqSRfZMs

vous vous détendez au spa, c'est souvent sur sa musique et celle de Peter Kater, son acolyte, les deux rois de la musique pour se relaxer.

Pour l'exercice du jour, je vous propose de remarquer tout ce qui est jaune dans votre vie, d'inviter le jaune à vous inspirer et vous soutenir. Je vous propose de redonner une impulsion nouvelle à votre vie, de la laisser venir se déposer, se présenter, de la laisser vous inspirer. Laissez faire la vie aujourd'hui. Ne la guidez pas, laissez-la venir à vous, vous montrer le chemin. Elle pourrait vous surprendre. Si vous remarquez que le jaune n'est plus dans notre vie, demandez-vous depuis quand et pourquoi vous ne portez plus de jaune. Pourquoi ne pas vous acheter des tennis jaunes ? Quel fun de marcher en jaune ! J'adore ! On avance d'un pas léger et confiant. Laissez-vous guider par le jaune aujourd'hui, là où il se présente. À vous de jouer.

Faites appel au jaune lorsque vous souhaitez :
- Voir et vous connecter à l'abondance.
- Être de meilleure humeur.
- Augmenter vos vibrations.

- Vous connecter au grand amour en vous.
- Être optimiste.
- Prendre votre place.
- Dire NON.
- Démarrer un nouveau chapitre joyeusement.
- Célébrer le positif.
- Transformer le plomb en or.
- Vous accepter tel que vous êtes.
- Prendre conscience de votre propre valeur et de votre puissance.

Vert

La couleur verte est devenue le symbole de la nature, de la santé et de l'écologie. Elle est synonyme de croissance, de renouveau, d'espérance et de transformation. Le vert apaise, ressource et reconstruit. Depuis la crise sanitaire, les hautes vibrations de la nature s'imposent comme un antidote à la morosité ambiante. Nous avons envie de parcs, de forêts, de montagne, de nous émerveiller de sa beauté pour retrouver notre équilibre de vie. Cette recherche de la communion avec la nature est justifiée.

Couleur dite « secondaire », elle est en réalité primordiale pour l'humain. Quand nous pensons à la couleur verte, nous pensons immédiatement aux arbres et à leurs feuilles, au printemps, à la renaissance. Il vous suffit de vous allonger dans l'herbe en contemplant le ciel, pour sentir l'énergie de la terre réduire vos mauvaises vibrations. À l'aube d'un basculement des consciences, le vert est la clé dans notre épanouissement d'aujourd'hui. Il nous invite à retrouver notre nature généreuse, à nous pardonner, et à nous aimer avec nos imperfections. Lorsque l'on marche dans la nature, on se sent immédiatement plus apaisé, plus détendu. Le vert nous ressource. Il invite à aller de l'avant, à expérimenter avec un regard nouveau, plus doux sur nous-mêmes et la vie.

Vert me fait penser au changement de vie que notre société traverse en ce moment. Une « révolution humaine verte » se met en place. Pas celle que l'on envisageait. On renoue avec l'importance de la nature dans nos vies, l'importance de se respecter, de retrouver notre pouvoir personnel, de mieux nous connaître, de faire des choix conscients, d'évoluer, de s'éveiller. C'est avec amour que la Terre-Mère nous guide. Tout ceci nous fait réfléchir différemment sur la vie, notre lieu d'habitation, nos voyages, nos relations avec nos proches, notre travail, ce qui est essentiel. Nous prenons du recul sur certaines de nos priorités. Nous avons envie d'agir différemment et de vivre autrement. Le vert a sa place au cœur de cette transformation humaine où tout est remis en cause. Le confinement m'a permis de reprendre mes entretiens quotidiens et en direct avec plusieurs invités. J'ai expérimenté de nouvelles façons de vivre ma mission de vie. J'ai compris ce qui faisait vibrer mon cœur à l'âge de quarante-deux ans. Nous avons décidé de déménager et de partir loin de la ville, de nous rapprocher de l'océan. En moins d'un an, nous avons réalisé ce rêve. Nous sommes heureux de vivre plus près de la nature, de nos amis, et de choisir un meilleur équilibre de vie, de prendre soin de nous et de nos proches. Nous nous sentons guidés vers la nature, une évidence. J'aime ces évidences qui s'imposent en douceur, mais avec certitude. Notre sensibilité, notre passion pour notre travail, l'énergie que l'on y met, nous ont conduits ici. Cette terre nous a appelés. Elle est le point de départ de la réorganisation concrète de notre nouvelle vie, c'est notre nouveau monde. Nous trouvons ici notre rythme, nous prenons soin des plantes, de notre communauté, de la famille, comme de nous-mêmes. Notre vie est connectée à la terre, aux personnes que l'on aime, à nos joies, à ce qui est important, en harmonie avec nous-mêmes. Je suis convaincue que ce lieu, cette terre, cette maison et ce jardin nous ont choisis, autant que nous. Nous allons mutuellement prendre soin l'un de l'autre. Nous sommes ici en contact plus que jamais avec la Terre-Mère, la Pachamama[27]. Elle nous guidera vers notre prochaine phase de cocréation locale et humaine. Nous la remercions et la chérissons.

Vert est la couleur de l'écologie, de notre transition énergétique. Celle qui consiste à prendre conscience de l'impact de nos actions, pas seulement chez nous, mais aussi à l'autre bout du monde ! Pas si simple pour moi de changer certaines habitudes bien ancrées. Trier ses déchets, faire du compost, avoir son jardin n'est pas suffisant. Notre manière de vivre, de consommer, de participer à la vie locale, de s'habiller, de soutenir notre relation à la Terre et à l'humain est en mutation. Et si nous avions

27. Pachamama est la Terre-Mère, la déesse mère pour les Amérindiens. Elle est considérée comme un être vivant, qu'il convient donc de respecter.

toutes les solutions dans notre quotidien pour changer le monde ? « Ça commence par moi »[28] est une merveilleuse initiative lancée par Julien Vidal que j'ai eu l'occasion d'interviewer[29]. Il présente ainsi plus de 400 actions écoresponsables, dont certaines très simples : produire sa propre électricité, utiliser des mouchoirs en tissu, faire pipi sous la douche, lancer un réseau de ventes en circuit court, donner ses cheveux à une association, passer au sapin zéro déchet, opter pour la technique japonaise *furoshiki* pour emballer les cadeaux avec du tissu, fabriquer ses dosettes pour le lave-vaisselle, investir son argent dans les entreprises écoresponsables de demain, brosser ses légumes ou encore partir en vacances en France ! Julien Vidal nous propose de trouver notre place dans une société en plein mouvement. Il transforme ainsi notre regard sur l'écologie en une aventure *fun*. Il explique qu'il

28. « Ça commence par moi » a été créé par Julien Vidal, son site donne 404 idées pour passer à l'action pour une éco-citoyenneté ambitieuse : https://cacommenceparmoi.org/agir/
29. Interview de Julien Vidal sur *La Télé de Lilou* sur https://www.lateledelilou.com/Vous-n-etes-plus-seul-et-ca-va-changer-avec-nous--Julien-Vidal_a2313.html

est beaucoup plus heureux depuis qu'il est en accord avec ses convictions. On peut ainsi tous participer joyeusement à la construction d'une économie plus durable et plus solidaire. Cela m'a d'ailleurs inspirée lorsque j'ai mis sur pied des groupes de cocréateurs locaux[30] sur l'application Telegram afin de rencontrer d'autres acteurs conscients autour de soi et ainsi partager les bons plans près de chez soi, se rencontrer et cocréer.

En spiritualité, le vert est relié à un élément essentiel à la vie : notre cœur. Sans ouverture du cœur, de nos sentiments, il ne peut y avoir d'éveil, de vulnérabilité, de prise de conscience, de transformations durables. Il est LA clé pour s'éveiller. Le changement de paradigme passe par le cœur qui s'ouvre à la vie, à lui-même, à ses faiblesses, au bonheur d'oser se montrer. Nous n'avons plus peur de révéler notre sensibilité car c'est elle qui nous guide. Le cœur ne craint pas d'être manipulé, il voit au travers des supercheries et des mensonges. Il sait ce qui mérite son attention. Il perçoit loin dans

---

30. Liens vers tous les groupes départementaux et locaux https://tinyurl.com/cocreateurs

le futur, les virages sinueux, les dangers, le chemin à prendre et celui à éviter ; il avance à grands pas sans regarder en arrière. Il n'a pas peur de manquer, il vit dans l'abondance. Il n'a pas besoin de se justifier, de plaire, de paraître. Il profite de l'instant présent, prêt à aimer et à recevoir l'amour. Il ne le quémande pas, il est amour. Sans limites, il est libre d'aimer à l'infini, et au-delà. L'espace et le temps n'existent pas pour lui. Même dans les moments les plus douloureux. Les émotions peuvent s'exprimer avec vulnérabilité et tendresse vis-à-vis des autres et de soi. Tout ce qui arrive est utile, à sa place, et juste. Il ne remet rien en question. Depuis que mon cœur est ouvert, je me sens plus souvent paisible, tranquille, réceptive et moins réactive. Lorsque mon cœur est ouvert, j'écoute, je me pose, j'aime le silence. Je me sens prête pour l'aventure, à changer le monde, à voir différemment, à agir autrement. J'ai envie de rencontrer en profondeur les autres et collaborer. Mon ego a besoin de posséder, de se valoriser mais mon cœur est confiant et serein sur l'avenir. L'ouverture de mon cœur me permet de voir loin, de croire en beaucoup, de profiter de l'instant. Je suis alors dans la neutralité et non pas dans l'excitation ou le désespoir du moment. J'avance confiante, sereine et tranquille. Je suis heureuse d'expérimenter de nouveaux territoires, de modifier ma trajectoire et d'avancer vite. Le cœur est lumière. Il transcende l'instant difficile pour faire naître le changement. Il est prêt à dépasser l'épreuve pour accueillir les généreux cadeaux de la vie à venir. Audacieux et courageux, il n'a pas peur de l'inconnu, il l'invite en osant exprimer ce qui le fait vibrer. Il n'est pas terre-à-terre ou perché. Il n'est pas borné ou limité. Telle une plume qui vole au vent, il danse, se balade, se réjouit du paysage. Il aime la nature, les couchers de soleil, les chiots et les enfants qui rient. Il aime la joie, la bonne humeur et les bons vivants, mais aussi la douceur, la tendresse et les moments d'extase. Il aime la joie, les rires, la liberté. Il n'attend pas que les conditions soient réunies pour profiter de l'instant. Il apprécie ce qui est, ce qui n'est pas, sans jugement. Il est patient et bienveillant. Sans attente, jamais déçu il avance. Sa destination lui importe peu. C'est son chemin, sa balade qui compte.

Ouvrir mon cœur n'a pas été simple. Je ne peux pas dire que j'ai le cœur ouvert en permanence. Mais depuis plus de dix ans, il s'est rouvert et m'a donné une deuxième vie. Quelques mois après ma perte d'emploi, à Londres, je me suis retrouvée sans argent. Je me suis donc réinstallée chez ma mère, à l'âge de trente-deux ans. La honte. J'avais tellement vécu de moments d'abondance à Miami, Chicago et Londres. Vivre ainsi, j'avais l'impression de manquer d'air, que j'allais mourir. Mon identité était menacée. Mon monde s'écroulait.

Grâce à cette expérience, mon rapport à l'argent a changé. J'avais déjà reçu plusieurs avertissements sur le fait qu'il était temps pour moi d'évoluer dans cette relation, mais je ne voulais pas les voir, pas savoir, pas entendre. Rentrer vivre à Orvault, près de Nantes, dans la maison dans laquelle j'avais passé mon adolescence, m'a ouvert les yeux. Avec du recul, je peux dire que c'est exactement ce que j'avais à vivre. Le cadeau à la clé était en réalité immense. Même si, en attendant, je vivais sur des montages russes. Les hauts et les bas s'enchaînaient depuis plusieurs mois.

Je ne parvenais pas à me réveiller, à libérer, à transcender. J'avais pourtant les techniques, mais rien n'y faisait, en tout cas pas assez longtemps. Je perdais le contrôle, et mes émotions passaient de la colère à la tristesse. Ma sensibilité était extrême, pesante pour tous. Ma relation à ma mère n'arrangeait rien. Je lui en voulais de ne pas m'encourager plus, de ne pas me soutenir suffisamment, de ne pas me dire les bons mots. Clairement, je vivais un cauchemar et je le faisais vivre aux autres. Cela faisait longtemps que je n'avais pas expérimenté quelque chose d'aussi perturbant. Dans ces moments difficiles, je me raccrochais à la nature, à ma boîte à outils de développement personnel, à la création d'une intention quotidienne, à l'écriture de mon journal intime, à la pratique de la gratitude ou encore de la loi d'attraction, mais rien ne semblait marcher durablement. Je retombais. J'en pleurais.

Je n'avais pas envie d'un job alimentaire, dicté par mes études, par mes parents ou la société. Je souhaitais être Youtubeuse à plein temps, en vivre, être auteur, et gagner ma vie. « Gagner ma vie » : oui, cette simple expression montrait bien mon état d'esprit du moment. J'avais oublié que je l'avais gagnée à ma naissance, ma vie. J'avais besoin de me prouver, de ramer, de mériter. Oui, je ramais à contre-courant depuis un moment. Je m'étais éloignée de moi-même. Il m'arrivait de lâcher les pagaies, mais j'avais peur de perdre le contrôle, de découvrir en moi d'horribles vérités que l'on m'avait répétées. J'avais peur d'avoir tort. Je ne voulais pas affronter mes démons, mes zones d'ombre. Elles m'effrayaient. Je ne voulais pas baisser la garde. Elle était en place depuis si longtemps.

Les mois passaient et un jour j'ai dit stop. L'idée qui m'obsédait le plus depuis de longues années devait prendre fin. Il me fallait affronter la réalité, être authentique. Il me fallait avouer à une personne que j'étais à sec, fauchée, chez ma mère, sans argent, et qu'il ne pourrait rien « tirer » de moi. Plusieurs années auparavant, aux États-Unis, j'avais construit un site Internet d'e-commerce pour un ami. Malheureusement, il me rendit responsable de l'échec de son projet et exigeait un remboursement et un dédommagement en m'intimidant à l'aide de grands moyens juridiques, à l'américaine. J'avais alors perdu pied, pris peur, et mon *ego* avait souffert. Ayant peur des représailles, ma flamme était de plus en plus petite. Ma stratégie n'était pas d'être authentique, mais de me protéger. Je préférais me battre, plutôt que d'avouer que je n'avais pas ce qu'il demandait.

Mais ce jour-là, chez ma mère, après de longues années sous le coup de cette punition auto-infligée, je me suis mise à penser différemment, et à vouloir tout mettre au clair, de vive voix, et sans l'intermédiaire d'avocats. J'ai mis de côté mon *ego* et j'ai donc appelé Olivier, en m'excusant de mon silence et me confessant sur ma situation financière. Ce coup de fil fut un vrai *reset* : mon « grand *reset* » – une remise à zéro. Après avoir écouté ce qui m'était arrivé, il s'est excusé au téléphone et me souhaita bonne chance pour la suite. À ce moment précis, mes bras se sont levés en croix, ma tête est partie en arrière, ma bouche s'est ouverte en grand, et je me suis mise à prendre une grande bouffée d'oxygène. La plus grande probablement depuis ma naissance. J'ai senti chaque cellule de mon être se remplir de gratitude et la lumière de ce moment de grâce. Oui, un moment de grande joie, qui a provoqué en moi une libération telle que mon corps a commencé à vibrer différemment. En quelques secondes, je n'étais plus la même. Le reste de mon histoire fut tout différent. Je n'ai plus vu et expérimenté la vie de la même façon. J'ai eu l'impression de vivre une renaissance, une deuxième chance, un miracle. Cette étape libératrice m'a tellement allégée, que mon cœur a pu s'ouvrir à nouveau. Je dis bien s'ouvrir à nouveau, car il avait été ouvert à un moment, quand j'étais petite fille. Il n'était plus sous l'emprise de mon passé. Il était libre de penser de manière autonome et holistique. Par la suite, mon cœur s'est ouvert de plus en plus fréquemment. L'impulsion avait été donnée. J'avais éveillé en moi une nouvelle façon de voir le monde, plus colorée.

Respirer, marcher dans la nature, m'y ressourcer, me reconstruire, devenait mon quotidien. Le calme s'est installé. Je retrouvais la gratitude pour les petites choses de la vie : un lit douillet, une tasse de thé chaud, un repas mijoté pour moi, des vêtements qui sentent le propre, une nature proche et luxuriante, une maman présente qui m'avait accueillie. L'ambiance pouvait être tendue, mais dans l'ensemble je me sentais bienvenue, aimée.

Lors d'une balade en compagnie de ma mère dans la vallée du Cens, quelques-uns de ses mots, à propos de mes choix de vie, viennent me chatouiller le bout du nez. C'est alors que je lui ai annoncé que j'allais continuer mon chemin seule. Je ne suis pas rentrée dans une vive discussion, voire une dispute, comme je le faisais habituellement. J'étais calme et sereine. Je me suis offert un moment de silence, seule. Cette douceur est restée, et a grandi depuis.

Mon cœur s'est ouvert à la vie. Mon masque est tombé et j'ai commencé à en parler autour de moi. Certains amis sont restés, d'autres m'ont quittée. J'ai commencé à avoir de plus en plus d'idées, d'énergie pour réaliser mes rêves. Je ne souhaitais plus être spectatrice de la vie. Je voulais revenir sur le terrain de jeu. Il était temps pour moi de repartir aux États-Unis, avec un nouvel état d'esprit, plus en lien avec moi-même.

Lorsque l'on change sa relation à l'argent, on change forcément sa manière d'opérer. Rapidement, l'idée m'est venue de demander un soutien financier aux internautes, et d'installer un système (un bouton) sous les vidéos de mes interviews pour que ceux qui me suivaient puissent m'encourager par des donations. Ajouter des publicités ne me convenait pas, j'étais libre et voulais le rester. Être un média indépendant était ma seule option. Certes, je prenais des risques, je partais à l'aventure, sans filet. Pour être totalement transparente avec vous, je ne pouvais faire autrement. Voyager et partager de précieuses connaissances était un impératif. Rien ne pouvait m'arrêter, l'argent n'était plus un frein, et moi non plus d'ailleurs !

Un jour, j'ai reçu un coup de fil de l'éditeur français Guy Trédaniel, à qui j'avais envoyé mon livre en version anglaise. Il m'a proposé de me publier en France. Les larmes coulaient sur mon visage. Je ressentais un immense soulagement, une grande joie et beaucoup de gratitude pour sa confiance afin d'avancer ensemble. Ce coup de fil a marqué un nouveau chapitre de ma vie. Être publiée en français me permettait d'accroître mes soutiens, d'entrer dans une famille composée d'autres auteurs, d'appartenir à un nouveau groupe, à une nouvelle communauté. Ce coup de fil m'a donné un nouvel élan, c'était comme une validation du fait que j'étais sur le bon chemin. J'avais eu mes trois coups de fil : celui pour me faire virer, celui pour me libérer de mon passé, et celui pour bâtir mon futur. La boucle de ce chapitre de ma vie était bouclée.

Le vert me fait penser à la chance, au porte-bonheur tel que le trèfle à quatre feuilles. Je vous avoue ne pas croire tant que ça en la chance. Je la vois plutôt comme le fait d'être au bon endroit au bon moment, d'être prêt. Oprah Winfrey la résume ainsi : « La chance est la rencontre de la préparation et de l'opportunité. » La chance se provoque, s'invite, et s'apprend comme nous l'explique Christine Sarah Carstensen dans son livre *Avoir de la chance, ça s'apprend*[31]. Elle nous propose plusieurs exercices pour nous aider à nous aligner sur la fréquence chance, en commençant par faire un bilan de sa propre chance, car ce sont bien souvent les événements malchanceux qui nous restent en mémoire.

---

31. Voir mon interview de Christine Sarah Carstensen, auteure du livre *Avoir de la chance, ça s'apprend* (Albin Michel, 2017) sur https://youtu.be/Dg4Y-EUMujU

Elle nous présente aussi quelques rituels, tels que rendre visite quotidiennement à son autel de la chance, mais aussi d'écouter son « jingle du bonheur » afin de maintenir son corps et son esprit dans la bonne fréquence. La chance demande des efforts pour ne pas perdre son fil de lumière, comme l'explique la romancière et essayiste Christiane Singer : « Personne n'exige de moi que je réussisse, mais seulement que je franchisse un pas en direction de la lumière. L'important n'est pas que je porte le flambeau jusqu'au bout, mais que je ne le laisse pas s'éteindre. »

Méditer en attendant que la chance arrive ne fait pas partie de mon credo. Provoquer la chance me parle beaucoup plus. Là aussi, je le vois comme une cocréation : elle réclame ma participation afin de demander à l'univers son soutien. Tout comme la réussite n'a plus la même définition pour moi qu'auparavant, j'ai repris une partie du contrôle de ma destinée. Je dirais que j'ai un profond sentiment de réussite car j'ai une vie qui me satisfait. Même si je n'ai droit qu'à une option, alors j'essaie de la choisir. Nos réactions aux événements permettent de transmuter l'instant, de le transformer en notre faveur. Tout comme la chance, s'aligner sur les fréquences de sa réussite, de son plein potentiel est indispensable. Ainsi, la vie devient enrichissante et savoureuse à souhait !

La gratitude marque le vert. Vert comme espoir, persévérance, renouveau qui sont possibles grâce à la « gratitude attitude ». C'est un vrai *booster* de bien-être. Gratitude d'avoir un bon lit, de manger, d'être en vie, de savoir lire, d'avoir traversé des étapes dures dans la vie. Les moments difficiles sont à célébrer eux aussi. Ils nous font grandir en nous permettant d'être plus clair sur ce que l'on souhaite dans son existence, alors pourquoi ne pas les remercier des cadeaux qu'ils nous font ? La situation se débloquera alors rapidement en notre faveur. Faites confiance à la vie. Rappelez-vous qu'elle n'est pas contre vous. C'est juste une expérience nouvelle qui permet de vous libérer d'une blessure, d'un comportement qui n'est plus approprié pour avancer.

Dans des cas plus extrêmes, d'expériences très douloureuses, « un morceau de l'âme se dissocie du corps » comme me l'a expliqué Sandra Ingerman[32], lors d'une interview chez elle à Santa Fe. Son raisonnement m'a permis de comprendre un peu mieux l'humain, notamment lorsque je rencontrais une personne au regard vide. Sandra m'a expliqué que lors de chocs et de traumatismes, comme un abus physique, un viol, la guerre, un accident de voiture, certaines opérations, une addiction à des drogues, nous sortons de notre corps par réflexe pour éviter la souffrance, cela agit comme un mécanisme de protection. Une partie de notre âme se fragmente et s'évade, nous n'habitons alors plus totalement notre corps. Ainsi, pour Sandra, le processus d'éveil consiste à retourner habiter entièrement dans son corps. Selon elle, nous avons tous vécu des traumatismes. Cela s'est traduit chez elle

32. Sandra Ingerman est l'une des plus grandes chamanes de notre temps. Elle pratique le recouvrement d'âme. Elle est l'auteur de nombreux ouvrages traduits en français dont *Initiation au voyage chamanique*, *S'éveiller au monde de l'esprit* et *Sur les traces du Shaman* (tous publiés chez Guy Trédaniel éditeur). Son site en anglais : https://www.sandraingerman.com. Voir mon interview en anglais en 2011 sur https://www.youtube.com/watch?v=lz23EFD7Xdo

par une dépression. En effet, depuis son plus jeune âge, nombreux sont ceux qui, en raison de son don, viennent à elle pour lui confier leurs problèmes, ce qui n'est pas simple à vivre et gérer. Ainsi, lorsqu'elle a fait un travail de recouvrement d'âme, et qu'elle a fait le choix conscient d'habiter complètement son corps, comme véhicule de son âme, les couleurs deviennent plus intenses. Elle se sent en vie et sa lumière rayonne naturellement. Telle une étoile dans le ciel, elle n'a pas besoin d'y penser, elle illumine. Ce qui prouve que l'on peut faire le choix en toute conscience d'une belle existence.

Un travail sous état modifié de conscience tel que le recouvrement d'âme, un travail chamanique, d'hypnose ou encore d'EMDR[33], vous permettra de récupérer les morceaux de votre âme qui ne sont plus incarnés dans notre corps. Notre intelligence se met alors en mouvement pour trouver des solutions durables et participer au changement planétaire.

---

33. Le sigle EMDR signifie *Eye Mouvement Desensitization and Reprocessing*, en français, c'est la désensibilisation et le retraitement de l'information par les mouvements oculaires. Pour plus d'information rendez-vous sur https://www.emdr-france.org

Votre exercice du jour est de passer un long moment dans la nature, de l'observer et de vous y ressourcer. Pensez vert, mangez vert, buvez vert, et dansez en forêt. Prenez un bon bain de forêt et laissez votre cœur s'ouvrir en vous émerveillant devant la beauté de la nature qui vous entoure. Si vous n'avez pas de forêts, de montages, d'océan, de mer, de parc ou de jardin près de vous, alors visualisez-les comme si vous y étiez. Votre cerveau ne fera pas la différence. Faites-vous du bien ! Puis notez ce que vous ressentez, ce qui s'ouvre en vous, et les actions que vous souhaitez mettre en œuvre pour alléger votre cœur, le libérer et faire que votre vie s'allège afin de mieux créer. Que vous inspire le vert ?

Ce que le vert peut vous apporter si vous souhaitez :

- Ouvrir votre cœur.
- Changer de perception.
- Habiter votre corps.
- Reprogrammer votre passé.
- Penser autrement.
- Avoir confiance en la vie.

- Vous connecter à la nature.
- Transformer votre relation à l'argent.
- Vous éveiller.
- Manger en pleine conscience.
- Vivre sereinement.
- Participer à la transition énergétique de l'humain.

Bleu

Le bleu représente la vie ! Il est grand, vaste comme le ciel et l'immensité de l'océan. Il nous ramène à nous-mêmes, telle une vague qui vient au rivage. Le bleu est associé à la communication et à la remise en question. Il ouvre à l'extraordinaire en incitant à l'extériorisation. Il nous propose de mettre en cohérence nos pensées, nos paroles et nos actes. Le bleu est lié aux OUI de la vie, au fait de trouver sa place et de parler. Le bleu propose un changement de paradigme en nous invitant à enlever notre muselière mentale et oser nous exprimer librement. Le bleu est une bouffée d'air frais. Nous nous affirmons au monde, et à nous-mêmes, qui nous sommes. Aligner le cœur et la parole est la clé magique de cette couleur. Couleur liée aux rêves, à la sagesse et à la relaxation, elle nous permet de nous évader.

J'aime le bleu, j'aime communiquer, et pourtant, communiquer m'a longtemps effrayée. Peur de ne pas être comprise, de ne pas m'exprimer clairement, de blesser. Apprendre à communiquer authentiquement a été mon antidote. Mes peurs peuvent être présentes, mais dire la vérité, telle que je la ressens, me permet de ne plus avoir peur du jugement. Mon cœur parle, je me libère. Ce que j'ose dire ne me retient plus prisonnière. Je l'ai dit, je suis libre. Je l'affirme, je le mets en lumière.

J'ai appris à communiquer authentiquement lors de mon premier stage de développement personnel. J'avais 23 ans, je venais d'emménager à Fort Lauderdale, en Floride, après mes études. Je ne trouvais pas d'emploi depuis des mois, et une amie m'a parlé de ce séminaire qui allait m'aider. Je ne savais pas dans quoi je m'embarquais, mais je me disais que je pourrais peut-être y rencontrer mon futur employeur. En réalité, ce fut une vraie révélation au point qu'une semaine plus tard je trouvais un emploi et six mois après je devenais entrepreneuse, à seulement 24 ans. Il y avait 150 participants venus d'horizons divers. Il était recommandé d'intervenir au micro.

Cela me terrorisait de parler en public. Mais ce qui fut dit au micro ce week-end-là m'a tellement aidée que j'ai eu moi aussi envie de contribuer. Ce partage consistait à parler authentiquement de soi. Si on ne voulait pas s'exprimer, le coach nous aidait à savoir pourquoi, à voir ce que cela cachait. Mon envie d'évoluer était plus grande que ma peur, j'ai donc pris le micro le deuxième jour. Après ce moment de partage, j'ai eu une envie de pleurer, soudaine et incontrôlable. Un assistant est même venu vers moi pour me soutenir, mais j'ai refusé son aide en lui expliquant que je préférais gérer cela seule. Il me demanda depuis combien de temps j'étais dans cet état. Je lui avouais : « Depuis que mon père m'a abandonnée. » Cette phrase est sortie de nulle part. Je pleurais de plus belle. Mon père ne m'avait pas physiquement abandonnée, mais je venais de comprendre que je l'avais vécu ainsi à la suite du divorce de mes parents. La vie avait été dure avec lui depuis. J'avais vu sa détresse, partir à l'autre bout du monde et j'en avais conclu qu'il m'avait abandonnée. En réalité, la situation était trop douloureuse pour lui. Mais elle l'était aussi pour moi. Depuis, je me débrouillais seule et avais appris à m'autogérer. Quant à mes émotions, je ne devais pas les montrer. Après cette révélation, je lui ai téléphoné et expliqué ce que je venais de vivre, je me suis excusée, je lui ai dit que je l'aimais. À partir de ce moment, j'ai recréé un avenir plus magique avec lui. Ce stage m'a permis de comprendre que je ne pouvais pas blâmer la France, mes parents, les États-Unis ou la société pour ce que je traversais, car j'étais le dénominateur commun de toutes ces situations. Je devais être responsable de ma vie et non une victime. Je souhaitais poursuivre un travail sur moi-même. C'est ainsi que depuis l'âge de 23 ans, je suis sur ce chemin d'épanouissement et que ma soif de savoir, d'évolution ne m'a jamais quittée, jusqu'à en devenir mon métier.

La communication est au cœur de ma mission de vie. J'écris, j'interviewe, je diffuse. Quelle drôle de situation. Je suis appelée à trouver en moi la force d'aller au-delà de ce que je sais. Je suis animée par un profond désir d'accompagner le changement de conscience. La peur d'être humiliée, de ne pas être comprise, de ne pas m'exprimer clairement m'a hantée pendant si longtemps. Je dois encore dépasser ces peurs. Mais elles ne me dominent plus, ne me dictent plus mon chemin. Bien souvent les énergéticiens voient en moi un chakra[34] de la gorge plus faible que mes autres centres énergétiques, sans même connaître mon passé ou mon métier. Je ne pense pas avoir encore tout dit. Cela viendra avec le temps. Vous comprenez maintenant l'importance que j'accorde à l'authenticité dans la communication. Elle permet d'être intègre avec soi, les autres et de retrouver sa voie, de libérer ses dons et être au service de la vie. Une « communication vraie » est indispensable, sinon tout est bancal et ne dure pas. Vivre une vie extraordinaire est à la portée de tous, encore faut-il oser, demander et recevoir. Oser dire aux autres qui nous sommes et agir en conscience est d'une puissance déconcertante, et pourtant peu la pratiquent. Aller au-delà du regard de l'autre, de ce que l'on pense qu'il pense de nous, n'est pas évident. Nous vivons notre réalité,

34. Dans le yoga, les sept chakras correspondent aux centres énergétiques où se concentre notre énergie vitale. Ils sont tous associés à une couleur, un son, un mantra. Le bleu clair correspond à celui de la gorge.

pas la « vraie » réalité. Comme le dit si bien le conférencier Frank Lopvet dans son livre *Ton autre vie*, il y a presque autant de planètes que d'êtres humains. Nous pensons que la vie est telle que nous la voyons. Alors, pourquoi ne pas choisir une vision qui vous inspire, plus colorée ? Qu'est-ce qui vous freine ? Quelle que soit la taille de vos bagages, faites-vous du bien, posez-les !

J'aurais pu déposer mes bagages à Hawaii, un archipel situé à cinq heures d'avion de Los Angeles. Une terre et des humains qui valent le détour. Une terre où fleurissent les thérapeutes et inventeurs du Nouveau Monde. Certes, au début, je ne savais pas pourquoi cette terre m'attirait. Dès ma première visite, j'ai eu l'honneur de rencontrer le docteur Wayne Dyer[35]. Il fut l'une des personnes qui m'a le

35. Écrivain et conférencier de renommée internationale, Il a enseigné de nombreux fondamentaux en spiritualité jusqu'à la fin de sa vie en 2015. Docteur en psychologie et psychothérapeute, Wayne Dyer est l'auteur de nombreux best-sellers, dont *Le pouvoir de l'intention*, *Les dix secrets du succès*, et *Il existe une solution spirituelle à tous vos problèmes* (tous publiés aux éditions J'ai lu).

plus influencée. Mais le déclic pour ces îles – Maui en particulier – date de l'année 2004.

Un astrologue védique[36], nommé Dennis Harness, m'avait prévenue de l'importance de Maui dans mon thème astral. Il m'avait proposé de cartographier[37] mes lignes de vie et de voir par où elles passaient sur la terre : des points majeurs de transformation, de libération, de succès et d'entraide. Une des miennes passait justement par Maui. Oui, une toute petite île d'Hawaii connue pour le surf et ses planchistes. Je n'étais sur mon chemin d'épanouissement personnel que depuis

---

36. L'astrologie védique est différente de l'astrologie occidentale que nous connaissons. Elle s'appuie sur les Vedas, textes très anciens et sacrés en Inde. Le thème astral védique permet de décoder les codes karmiques d'une personne, incluant son dharma (sa mission de vie) et son karma (résultats des actions passées de vies antérieures). Cette lecture nous donne des informations complémentaires et plus précises sur notre vie, les changements, nos défis et les choix de notre âme.

37. L'astrocartographie est une consultation spécifique sur les zones de pouvoir géograhique personnel sur terre. Elle est complémentaire de l'astrologie védique et permet de révéler les meilleurs endroits pour connaître la croissance spirituelle, la réussite professionnelle, l'harmonie en couple et une meilleure santé. Le Dr Harness est certifié en conseil astrocartographique.

quatre ans, et pourtant, la loi d'attraction que je pratiquais consciemment m'avait permis de venir jusqu'ici. Je m'étais mis en tête de rencontrer Wayne Dyer en personne (puisque je savais qu'il y passait ses étés).

Maui a eu à plusieurs reprises un effet catalyseur sur ma vie. Le cartographe avait vu juste. Ma destinée était bel et bien marquée par cet archipel. À la fin de mon séjour, j'appris que Wayne Dyer allait faire une conférence. Je m'y suis rendue et l'ai attendu. J'observais les dizaines de personnes, principalement des femmes, qui se regroupaient autour de lui. J'étais timide ce jour-là, ce qui est souvent mon cas – par peur de déranger. Je n'osais aller jusqu'à lui pour le remercier de sa conférence. Je me sentais ridicule, embarrassante. Un homme aux cheveux grisonnants s'avança vers moi : « Vous aimeriez rencontrer Wayne ? » « Quelle question ! Bien sûr que oui ! » « Ah oui ? Je fais du surf avec son fils me répondit-il. Je peux peut-être vous aider. »

Entre nous, j'ai trouvé son plan drague un peu léger et je n'y croyais pas. Cela dit, quelques minutes plus tard, je rencontrais le fils de Wayne, âgé d'une vingtaine d'années. Je suis rentrée chez moi rassurée, sentant que j'étais alors sur la bonne voie. Je leur avais donné mon numéro de téléphone et attendais des nouvelles. Dès le lendemain, la rencontre fut programmée, elle devait avoir lieu dans son appartement. Je n'en revenais pas. Ma rencontre avec Wayne ce jour-là est à l'origine de mes interviews filmées et partagées sur le Web. J'ai compris à quel point cette rencontre était extraordinaire mais que je n'avais rien à lui proposer. Mon intention était de l'approcher, et puis quoi ? Je n'avais pas pensé à la suite. J'étais en face d'un homme célèbre, aux connaissances infinies, et je n'avais rien à lui dire. J'étais sur un nuage. Je n'ai pas dû beaucoup l'impressionner… Pour ma part, l'effet fut tel que l'idée de créer ma propre émission a germé dans mon esprit. Enregistrer de tels moments de vie, partager ce savoir me paraissait être à ma portée. Je compris que j'avais une certaine facilité à attirer des personnes extraordinaires et que ces connaissances pourraient en intéresser d'autres sur le même chemin d'éveil.

Valérie Tartera fait elle aussi partie de ces personnes contribuant au changement, et j'ai eu l'occasion de la rencontrer. Elle m'a accompagnée dans de nombreux défis de vie. Quand ça bloque, très souvent j'y travaille avec elle. Je la trouve pertinente et efficace. Je peux rapidement passer à autre chose. Valérie pratique l'épigénétique qui est une « méthode d'apprentissage qui fait remonter à la conscience tout ce que l'on porte dans nos gênes (transmis et vécu), qui traduit nos comportements, nos symptômes, et nos choix de vie sans le savoir. C'est le langage limbique (inconscient) qui permet de décrypter les alertes qui préparent notre avenir afin de modifier nos comportements, de ce fait, nos ressources innées[38] ». Ainsi quand j'ai une idée stressante et récurrente qui m'empêche d'avancer, je fais appel à elle. Je n'aime pas stagner longtemps. Je demande les conseils d'un expert et avance rapidement. Ici, grâce à la pratique épigénétique, je donne une nouvelle information à mon cerveau, une information

38. Définition de l'épigénétique par Valérie Tartera partagé dans le *Cahier d'exercices du Défi des 100 jours pour vivre une vie arc-en-ciel*, au jour 51.

qui n'a pas été transmise ou que je n'ai pas vécue. J'ai dû faire une vingtaine de séances avec elle en moins de dix ans. Tel a été le cas lorsque j'ai rompu avec un homme, véritable pervers narcissique ; lorsque j'ai voulu être enceinte à quarante ans ; quand j'ai voulu continuer l'allaitement un an, ou tout simplement passer un cap professionnel. Je vais vous donner un exemple concret. Quand je manque de confiance en moi au point que tout me semble inatteignable, trop grand, trop lourd, mes phrases d'apprentissage sont : « J'accepte de reconnaître que mon passé me sert d'alibi pour tourner le dos à la vie. C'est le moment pour moi d'apprendre en toute sécurité que mes solutions sont obligatoirement dans mon futur afin de continuer à apprendre et créer. » Je me répète ces deux phrases plusieurs fois lorsque je me sens bloquée sur le passé et hop, je passe le cap. Une nouvelle information est donnée à mon cerveau. C'est efficace. Chaque phrase est unique et conçue en fonction de ce que l'on traverse. Elle crée un nouveau pont neuronal pour mon plus grand bonheur, pour celui de mon entourage, mais aussi pour ma communauté.

J'ai commencé à vouloir me connecter et retrouver des gens qui suivaient la même démarche d'évolution, de remise en question, et d'ouverture de cœur que moi. Je me suis vite rendu compte que nos conversations étaient plus satisfaisantes. Il n'y avait plus de décalage. Le lancement de projets se faisait plus facilement, avec plus d'évidence, de cohérence, avec moins de retenue. Le langage était le même. Rapidement, grâce au projet du *Défi des 100 jours* que j'ai lancé en 2005, une communauté de personnes, souhaitant tester ces outils techniques, s'est construite. Elle a grandi, pour aujourd'hui atteindre une centaine de milliers de personnes. J'aime ce soutien, ces échanges. Ce qu'il y a de fascinant avec une communauté, c'est que nous avons des inspirations communes, les échanges sont passionnants, de plus, elle est vertueuse. Cette forme de communication nous tire vers le haut. En deux mots, quand une communauté fonctionne, c'est top. Mais il est important de souligner qu'elle peut ne jamais « décoller » ou s'écrouler du jour au lendemain. Rien n'est garanti, comme dans toute relation. Il est important de le rappeler, à l'heure où j'entends des gourous du marketing conseiller de créer une communauté. Je tiens à dire qu'une communauté se mérite, elle se respecte, ce n'est pas un outil marketing. C'est une famille. C'est une extension de notre être. Si celle-ci ne repose pas sur de vraies valeurs, sur l'intégrité, et sur des personnes engagées qui partagent, en respectant certaines règles saines établies en commun, elle ne dure pas. J'ai remarqué qu'il suffisait d'une personne avec de mauvaises intentions (pas toujours conscientes, d'ailleurs) pour faire basculer une communauté. Et cela peut aller très vite. Plus la communauté est grande et plus la descente peut être vertigineuse. Ce qui est donc essentiel à prendre en compte, si l'on souhaite créer une communauté, c'est l'importance de la communication, de la transparence, de la participation de chacun, et surtout, que la personne fondatrice de cette communauté, la personne source, ne prenne pas les décisions seule et soit intègre. C'est-à-dire prête à s'excuser si elle fait un faux pas, puis à poser ensuite de nouvelles intentions. Si la personne source se libère d'une fausse authenticité, la communauté tout entière s'en trouve libérée et évolue. Soyons clairs : tout ceci demande du travail, du courage, du respect et du cœur. Nul ne peut créer une communauté viable sur le long terme sans une sacrée dose de remise en question, de présence, de passion, et la volonté de servir une plus grande cause que la sienne.

Il est assez fréquent dans une communauté de rencontrer sa famille d'âmes. C'est Marie-Lise Labonté[39] qui fut l'objet de ma première interview en français sur ce sujet. Chacun de nous possède une âme qui appartient à l'une des douze familles incarnées sur Terre : guérisseur, communicant, enseignant, maître, chaman, guerrier, etc. En découvrant notre famille d'âmes, nous comprenons mieux le sens de certains événements de notre vie ainsi que notre mission. « L'âme sait à quelle famille elle appartient, elle reconnaît sa nature, son identité céleste », assure Marie-Lise. Ainsi pour avancer, nous choisissons notre famille d'âmes,

39. Marie-Lise Labonté est une psychothérapeute, formatrice et auteure québécoise. Elle a le don de canaliser, c'est-à-dire recevoir au travers de ses sens, les messages d'âmes, de guides, d'anges dont elle partage les enseignements dans ses livres. Parmi ses best-sellers, je vous recommande de commencer par *Les Familles d'âmes* (éditions Guy Trédaniel, 2013).

mais aussi nos parents et même ceux qui seront nos bourreaux. Ce passage sur Terre, telle une école de la vie, nous permet d'évoluer dans notre chemin d'âme. J'aime cette version de la vie car elle me permet de mieux comprendre certaines réactions de mes parents, de prendre du recul sur des situations douloureuses, dans lesquelles, parfois, le comportement de l'autre paraît anormal, voire étrange. Je peux ainsi remercier mes parents et leur pardonner, car au bout du compte ils me font avancer, ils m'offrent un cadeau mal emballé. Ils ont parfaitement joué leur rôle d'éveilleurs de conscience. Je ne ferais pas mon métier avec autant de cœur si je n'avais pas rencontré moi-même de douloureuses formes de communication. De même, je n'aurais pu travailler sans le soutien d'une famille d'âmes lumineuses que j'ai rencontrée sur mon chemin, comme Wayne Dyer, Sonia Choquette ou encore Valérie Tartera. Ils m'ont soutenue et sont comme des âmes sœurs, des compagnons de lumière, des éveilleurs de conscience. Pour moi, il est clair que mon âme est venue se purifier de ses vies passées, et plus précisément que je n'ai pas à attendre la bénédiction de quelqu'un (ni d'un Dieu) pour être heureuse dans la vie. J'apprends aussi à m'aimer et communiquer avec plus de douceur et de confiance.

J'ai la sensation que nous avons tellement de dons encore inexplorés. Nous sommes capables de télépathie, de clairvoyance et de clairaudience, de guérir, d'avoir des prémonitions, d'être médium et bien plus encore. Nous sommes tellement plus que ce que nous pensons être. Mes recherches constantes en ce domaine m'ont guidée vers de nombreuses façons de transcender ces croyances limitantes pour vivre une vie vaste et colorée. Je n'ai jamais regretté d'être allée vers un territoire inconnu, de tester une nouvelle approche, ou de faire confiance quand je sens en face l'humilité et la sincérité d'un praticien ou thérapeute. Du moment que mon intuition et mon cœur me disent oui, que leurs mots vibrent fort en moi, alors j'essaie. Il y a tant d'expériences enrichissantes qui nous attendent pour une plus vaste compréhension de la vie et de nous-mêmes. Essayer de comprendre la théorie par les livres n'est pas suffisant. Je veux ressentir ce savoir dans mon corps, le vivre et pouvoir en parler.

La Communication connectée (ou CoCo)[40] est une autre forme de communication surprenante. Je l'ai découverte grâce au couple belge qui a créé cette technique. À l'époque, j'étais encore bien loin d'avoir rencontré l'homme de la vie, et encore plus loin d'avoir un enfant, mais ce couple m'avait interpellée. D'Hélène et Frédéric Laloux émanaient de la douceur, de l'amour et du bon sens. Je les ai interviewés avec beaucoup de naturel. J'ai découvert ce jour-là que nous pouvons communiquer à l'aide de baguettes de sourcier (ou en test kinésiologique) avec un nouveau-né, qui n'a pas encore les mots pour s'exprimer.

Après avoir testé cette technique sur les bébés de leurs amis, puis de ceux des amis d'amis, de plus en plus de personnes ont utilisé cette méthode avec succès. Ils ont écrit *J'ai tant de choses à te dire*, formé des praticiens, et désormais c'est une forme

40. La Communication connectée a été créée par Hélène et Frédéric Laloux. Cette technique permet de donner la parole aux bébés. Leur ouvrage *J'ai tant de choses à te dire* (éditions Le Souffle d'or) leur a permis de la faire découvrir à une large audience de parents, l'utilisant maintenant dans leur quotidien, sur www.communicationconnectee.com

de communication utilisée et reconnue par de nombreux parents, sages-femmes et thérapeutes. Les fœtus, bébés et enfants peuvent communiquer un besoin physique, émotionnel, manifester un besoin d'information, ou nous informer sur une incompréhension ou une situation mal vécue par eux. Apprendre de ce petit être, ce qu'il traverse, ses difficultés, semble une idée folle à première vue, et pourtant, l'expérience démontre que c'est un moment de grand soulagement pour le bébé et ses parents. L'enfant change d'attitude : il passe des pleurs à la satisfaction d'avoir été entendu. J'étais une fois de plus scotchée à mon micro, je buvais les paroles de mes interlocuteurs[41]. Je comprenais que le fœtus portait la vie, la sagesse et des connaissances, que c'était un être à part entière, avec une âme.

Grâce à la CoCo, nous avons ainsi pu dialoguer avec notre belle petite étoile, de son prénom de Stella, dès sa naissance. Que dis-je ! Nous avons commencé la CoCo avec elle au cours de ma grossesse, mais c'est quelques jours après sa naissance que l'expérience est devenue

41. Interview de Hélène et Frédéric Laloux sur la Communication connectée : https://www.youtube.com/watch?v=bgO03RmtFTI

encore plus pertinente lorsque la CoCo a sauvé mon allaitement. Stella ne prenait pas assez de lait et perdait trop de poids. Vous vous demandez comment un bébé peut communiquer sur des informations si précises. Les détails sont très troublants. Munie de baguettes de sourcier, la praticienne en CoCo pose une série de questions au bébé. Les baguettes s'ouvrent, cela signifie un oui, elles se ferment c'est un non. Le besoin du bébé se précise en quelques minutes. C'est ainsi que Stella nous a appris qu'elle avait eu une petite sœur jumelle les premiers jours de ma grossesse. Aussi s'était-elle nichée toute la grossesse à droite de mon corps, ne tétait désormais que mon sein droit, et ne prenait pas tout le lait. Nous avons compris son mal-être grâce à la CoCo, compati à sa tristesse, et pu lui expliquer qu'elle pouvait prendre toute sa place, ce qu'elle fit et l'allaitement put reprendre son cours.

Nous avons pu grâce à des techniques[42] plus extraordinaires les unes que les autres vivre

42. Lesdites techniques sont répertoriées dans mon livre intitulé *Je suis enceinte et ça me plaît. Chronique d'un authentique voyage au cœur de la grossesse et de l'accouchement* (Éditions Guy Trédaniel, 2019).

mes neuf mois de grossesse et l'accouchement comme un tremplin de croissance. Cela nous a confirmé qu'une intelligence bien plus grande était à l'œuvre. Nous l'avons écoutée. Nous avons vécu chaque étape en acceptant les défis et les changements nécessaires qui se présentaient, avec ouverture et patience. L'accouchement prévu à la maison s'est déroulé dans un bloc opératoire d'un des plus grands centres hospitaliers de France. Il était pourtant intime, joyeux et serein malgré les circonstances. Nous avons respecté notre vision, assumé nos choix et choisi la seule couleur que la vie nous proposait : bleu. Nous avons transformé la difficulté et le danger en une extraordinaire opportunité de communication pour dépasser nos ombres, faire rayonner plus de lumière en nous et pour toute notre famille.

La transformation, les révélations, le changement sont parfois derrière un simple oui. Un oui qui représente une autre façon de fonctionner, d'écouter et de s'ouvrir au monde. Sinon nous ne pouvons espérer aucun changement. Il nous faut essayer quelque chose de nouveau. Un oui permet un changement.

C'est ainsi que l'extraordinaire peut trouver sa place. Une chance de contempler différemment, de s'épanouir, de transcender l'existence qui semble rigide, pour explorer l'inconnu, quelque chose de nouveau. C'est là que les plus belles découvertes et aventures se font. Des moments de grâce, et même des miracles, sont alors possibles.

Je vous invite aujourd'hui à communiquer authentiquement, et vous tenir prêt à découvrir quelque chose de nouveau, et à invoquer le bleu pour vous accompagner dans cette quête. N'hésitez pas à demander de l'aide et à partager vos révélations.

Sollicitez le bleu si vous avez besoin de :

- Communiquer clairement.
- Partager authentiquement ce que vous traversez.
- Retrouver calme et sérénité.
- Vous recentrer.
- Dire oui à la vie.
- Vous exprimer clairement.
- Vous ressourcer.
- Contacter votre force intérieure.

Indigo

Couleur envoûtante, surprenante et charismatique, l'indigo porte bien son nom car elle intrigue. Isaac Newton, après avoir décomposé la lumière *via* un prisme, nomma l'indigo la septième couleur de l'arc-en-ciel. Elle invite au septième ciel, à voyager dans d'autres dimensions. Une porte ouverte vers plus de liberté, d'autonomie, de clairvoyance. Venue d'ailleurs, cette couleur nous propose une métamorphose, un passage d'un monde à un autre. Symbole de l'immortalité chez les Égyptiens, l'indigo stimule notre capacité de perception, développe notre sixième sens et clarifie notre esprit. L'intuition, le troisième œil, la méditation et l'écriture inspirée s'associent à cette couleur afin de percevoir autrement la réalité et d'accéder à notre génie intérieur. Une lecture plus subtile de la vie nous encourage à agir autrement, à notre plus grande satisfaction.

Côté intuition, je peux dire que je me sens à mon aise. Je l'ai souvent vu œuvrer dans ma vie. Sonia Choquette est peut-être la première qui m'en a fait prendre conscience. Cette Américaine a bousculé mon chemin en 2007 lors de ma première année d'interviews. Je l'ai rencontrée dans le brouhaha ambiant du lobby de l'hôtel Four Seasons de Chicago, ma petite caméra à la main. Je n'avais que quelques mois d'expériences derrière moi, mais interviewer cette femme m'a permis de réaliser pleinement l'importance de ma démarche et d'apprendre à agir selon mes intuitions. Sonia a le don de rendre une interview facile. C'est intimidant de s'entretenir avec un *New York Times best-seller*, mais c'est aussi la garantie d'un excellent contenu et de conseils concrets et applicables. Pour ce qui est de la viralité de la vidéo, tout dépend de son originalité, de son timing et de l'intérêt pour le sujet traité. Plus la vidéo plaît, plus elle sera partagée. Avec Sonia c'était idéal. Pour faire court, mes interviews avec elle ont fait un tabac, et même si elle était déjà connue, nos vidéos nous ont propulsées toutes les deux dans une nouvelle sphère de succès. Nous avons gagné en visibilité sur le Net. À l'instar de mon interview de John Gray, auteur des *hommes viennent de Mars et les femmes de Vénus,* à la même époque. Le format était nouveau, les recherches de contenu spirituel allaient croissant, et peu le proposaient, à part le *Oprah Winfrey Show*, à la télévision américaine. J'étais au bon endroit, au bon moment. Mon intuition m'avait guidée.

L'intuition, comme le décrit Sonia Choquette, est notre sixième sens ou plutôt le premier de nos six sens. Notre âme peut ainsi nous guider et communiquer plus aisément avec nous. L'invisible nous parle, nous prend par la main, nous guide en douceur vers la meilleure situation. Les informations qui arrivent sous forme intuitive peuvent être déstabilisantes car rien ne prouve qu'agir ainsi va aboutir à un résultat. « Suivre son intuition est comme voyager à la vitesse de l'amour, en première classe » nous enseigne Sonia. On voyage plus confortablement et plus rapidement. La trajectoire est plus directe. Même s'il y a des moments difficiles, ils ne nous semblent plus dirigés contre nous, impossibles à surpasser. L'univers est amical et ne nous est plus contraire. En faisant confiance à notre intuition, nous dansons avec la vie. Sonia Choquette m'a fait beaucoup rire lors des stages et conférences que j'ai organisés pour elle en France et au Québec. Elle est à l'aise sur scène, elle connaît son sujet, possède la manière de le présenter et de captiver l'audience. J'ai ri aux éclats lorsqu'elle a expliqué comment reconnaître une personne intuitive et une qui ne l'est pas en la mimant. Par exemple, si la personne est souriante, son visage est détendu et son corps ondule, il y a de grandes chances que cette personne ait le cœur ouvert et écoute son sixième sens. Une personne aux lèvres pincées et aux fesses serrées ne danse pas avec la vie, n'écoute pas son intuition. Et Sonia de mimer les fesses serrées. Hilarant ! Un souvenir mémorable !

La couleur indigo invite à la méditation. Elle s'est présentée à moi comme une échappatoire. Ma mère me disait régulièrement que « j'étais une éternelle insatisfaite ». J'aspirais en effet à plus que ce que je vivais. L'adolescence fut particulièrement compliquée pour moi. Je refusais de dire oui à ce que je n'approuvais pas. Je ne pouvais me soumettre aux réflexions, même de mes proches, si elles n'étaient pas cohérentes. Lorsque la tempête était là, je me réfugiais dans la méditation pour m'évader. En me dissociant de la réalité, en faisant abstraction de tout, même de mes émotions, pour trouver une forme de paix dans laquelle je pouvais me ressourcer. Mes méditations ont donc commencé jeune, sans guidance extérieure. Elles sont venues spontanément, comme une solution face au chaos. J'associerais la méditation à la couleur indigo car elle m'a aidée à avoir un nouveau niveau de perception. Je me souviens de plusieurs expériences où je flottais dans un espace infini, libérée du « supplice » terrestre.

Les méditations plus conscientes sont venues à l'âge adulte. Je me suis intéressée à plusieurs formes de méditation, sans en trouver une qui me collait vraiment à la peau. Je me suis ainsi retrouvée à Sedona, en Arizona, au Biocybernaut Institute, avec des électrodes sur la tête, pour méditer efficacement. Mes ondes cérébrales étaient analysées selon un protocole précis. Je pouvais alors mieux observer mon cerveau et mes ondes Théta[43] afin de rentrer plus facilement en phase de méditation profonde. Méditer, ce n'est pas simplement se poser en fermant les yeux et rester en silence. Il existe de nombreuses façons de méditer. Monter en fréquences, se sentir connecté, vivre un moment d'extase, avec la sensation de flotter dans un bonheur sans nom, demande beaucoup de pratique. J'y parviens en faisant monter les énergies le long de mes chakras, grâce à la respiration et en amplifiant l'émotion d'amour. Je baigne alors dans la plénitude et la sagesse de l'univers. Joe Dispenza l'enseigne très bien. Cela dit, plus couramment, je m'assieds au calme chez moi, en étant attentive à ma respiration, quelques cristaux de Nassim Haramein [44] dans les mains, le dos droit. Peuvent alors apparaître des sortes

---

43. Les ondes cérébrales correspondent à différents états de conscience. Les Gamma sont les plus rapides puisqu'elles oscillent entre 25 et 65 Hz, alors que les ondes Delta (1 à 3 Hz) ou Théta (4 à 8 Hz) correspondent à des ondes plus lentes de sommeil et de méditation profonde.

44. Nassim Haramein est physicien. Il a démontré scientifiquement que l'univers était connecté. Ma première interview avec Nassim date de 2011, sur l'île de Kawaii à Hawaii, à voir sur https://youtu.be/bQHrmmUFhNE

de pétillements dans mon corps, une idée géniale, ou un espace de sérénité auquel je me sens connectée. Je ne contrôle rien, je favorise l'expérience et j'observe.

Avec Internet, nous avons développé de nouvelles voies pour communiquer, plus rapides, plus intuitives. Nous nous sommes enrichis d'une nouvelle façon d'échanger, de partager, de voir. Grâce à cette étape « technologique », nous sommes prêts à voir notre propre technologie interne différemment. Qu'on le veuille ou non, Internet a contribué à notre évolution. L'indigo est lui aussi un passage entre deux mondes. Il est le pont entre le monde terrestre et le monde mystique. Il demande de faire des efforts en toute conscience, de choisir, de ne plus prétendre, afin de voir une autre réalité s'ajouter à celle que l'on connaît. Il est la métamorphose pour passer d'un monde à un autre. Une transformation, où les références et les perceptions ne sont plus les mêmes. Ce qui nous guide, ce qui nous informe, ce qui nous transmet l'information, est plus vaste que notre intellect. Le cerveau gauche et le cerveau droit se synchronisent à l'élaboration d'un plan, ou plutôt de la prochaine étape à suivre. On perçoit ainsi, au-delà du visible, à partir de notre cœur, beaucoup plus d'informations utiles et enrichissantes.

Il est possible à son éveil de se demander « si on ne perd pas la tête », car des images, des sensations, des idées, des envies nouvelles surviennent. Le corps tout entier fait en quelque sorte un *reset* et s'ouvre à plus d'expériences dépassant la compréhension. Nous vivons alors des synchronicités, on se réveillera à la même heure plusieurs nuits de suite, à 4 h 11 par exemple, ou encore on pourra se réveiller avec une sorte de gueule de bois sans avoir bu. En d'autres termes, notre corps s'éveille, s'ajuste à de nouvelles informations et fréquences. Rien d'étonnant que notre entourage s'interroge sur notre comportement. Disons que cette étape un peu déboussolante est un passage incroyable d'ouverture de conscience afin d'accéder à bien plus de connaissances et de dons en nous. C'est donc une étape à inviter, à accueillir avec bienveillance et à célébrer. Rappelez-vous que si votre éveil va trop vite, vous pouvez demander à le ralentir.

Posez alors l'intention « vivre en douceur votre éveil » afin de freiner le processus si vous en éprouvez le besoin. Si les fréquences sont trop hautes, pensez à contacter le règne végétal, minéral ou animal, pour vous synchroniser avec la terre. La respiration, la marche, le yoga ou encore la méditation vous aideront. N'hésitez pas à écrire ce que vous ressentez, entendez et voyez dans un petit journal intime, à l'abri des regards. En parler à quelqu'un qui n'a pas déjà vécu d'éveil est un peu hasardeux, car beaucoup se moquent, prennent peur, ou sont dans le déni de telles possibilités. Si vous désirez vivre de telles expériences, mais que ça ne marche pas, alors ouvrez vos perceptions en pratiquant le yoga, la peinture ou simplement en tapotant de temps en temps doucement votre troisième œil, entre vos sourcils, en visualisant la couleur indigo et en émettant l'intention « d'ouvrir votre perception au-delà du visible ».

L'indigo fait écho aux travailleurs de lumière, ceux qui œuvrent, venus incarner le changement et y participer. Certains disent que des vagues d'enfants indigo, arc-en-ciel ou encore cristal, viennent s'incarner sur Terre. Ces termes me dérangent quelque peu car l'*ego* peut s'identifier en classant ces nouveaux arrivants comme « différents », plus évolués, ou mieux équipés. Des travailleurs de lumière viennent sur Terre depuis la nuit des temps pour nous éveiller. Ils s'infiltrent dans tout milieu, toute couche sociale, partout. Nous sommes plus éveillés que nos parents, et nos enfants le seront plus que nous. Ils auront moins de résistances mentales que nous à vivre dans un monde où le visible et l'invisible sont pris en compte. Les prochaines générations semblent avoir besoin d'être élevées avec beaucoup d'écoute et d'ouverture. Elles portent en elles les solutions de ce nouveau monde. Elles ne perdront pas leur temps et avanceront en bousculant, en osant. Elles grandiront avec des parents et grands-parents ayant vécu ce qui est décrit dans ce livre. Pour une partie de ces jeunes, l'éveil sera accessible, rapide et sans embûche. Ils pourront participer plus efficacement à l'éveil collectif.

Si vous souhaitez développer votre capacité extrasensorielle et ouvrir votre perception, intéressez-vous aux états modifiés de conscience comme la danse des rythmes, la respiration holotropique[45], l'hypnose ou le chamanisme.

Indigo est comme une rencontre d'âme à âme, qui nous fait évoluer. Une relation qui nous amène à faire un « bond quantique » en avant. Selon moi, rencontrer un frère de cœur, une âme sœur ou sa flamme jumelle est une expérience enrichissante, troublante et qui a un goût de « déjà-vu ». On a le sentiment de reconnaître instantanément une personne, on se sent à l'aise avec elle. À la suite de telles rencontres, notre évolution semble s'accélérer. Nous reconnaissons leur vibration et les échanges nourrissent notre âme. On a la sensation de se rapprocher de la Source, d'une unité intérieure perdue. Elles chamboulent notre quotidien. Ces personnes n'arrivent pas par hasard dans notre vie. Elles nous propulsent sur notre chemin de vie dans la joie.

45. La respiration holotropique a été créée par Stanislav Grof, psychiatre réputé pour ses recherches et ses approches révolutionnaires. La technique implique une phase d'hyperventilation, afin d'induire un état modifié de conscience. Des images enfouies au plus profond de nous, des hallucinations ou encore des libérations intérieures peuvent s'exprimer spontanément. Voici mon interview chez lui à San Francisco : https://youtu.be/S9McQru3rdY

Rencontrer son âme sœur ou sa flamme jumelle n'est pas la même chose. On peut rencontrer plusieurs âmes sœurs dans sa vie, sous différentes formes – amicale ou amoureuse – c'est un lien fort et doux à la fois. La relation est réconfortante car nous percevons grâce à elles mieux nos qualités afin d'évoluer et de croître. Le but de la flamme jumelle est l'amour inconditionnel. Il est dit que le chemin initiatique est si difficile que bien souvent la relation n'aboutira pas malgré un « match vibratoire » qui semble parfait. L'un fuit, l'autre court après. Chacun est dans sa blessure, l'un de rejet, l'autre d'abandon. Je pensais avoir moi aussi rencontré ma flamme jumelle. Mon couple était sur sa fin et je m'accrochais malgré beaucoup de tristesse depuis bien trop longtemps. Un soir, un homme s'est présenté à une de mes conférences à Lille. Il ressemblait physiquement à mon compagnon du moment, mais sa vibration était très différente. Puis, il a pris contact avec moi par mail et nous avons beaucoup échangé. Nous avons rapidement conclu que nous étions des flammes jumelles. Je connaissais ce terme car j'avais interviewé Catherine et Ludovic Labbé qui m'y avaient initiée[46]. Tout confirmait que nous avions trouvé notre moitié et qu'il nous fallait annoncer nos retrouvailles d'âme au plus tôt à nos partenaires respectifs, sans consommer physiquement. Quelques semaines plus tard, alors que j'étais en pleine tournée d'interviews une lettre mit brutalement fin à cette relation. Ma flamme jumelle avait pris peur et a fui du jour au lendemain. Ma déception fut grande. Mais cette relation m'a fait comprendre que je ne pouvais rester avec mon compagnon de l'époque. Je suis partie. Il se moquait de ma vision « énergétique » du monde et cela me faisait souffrir. Il avait deux magnifiques enfants, auxquels j'ai beaucoup donné pendant trois ans, et n'ai pas été autorisée à leur dire au revoir. Un chantage affectif de plus. La séparation avec ces anges fut douloureuse, mais pas aussi violente que celle avec ma flamme jumelle. Je suis devenue célibataire et j'ai appelé mon partenaire de vie, mon mari, celui avec qui j'allais vivre cette expérience

---

46. Catherine et Ludovic Labbé sont les auteurs des *Flammes Jumelles* (éditions Exergue). Mon interview de Ludovic Labbé est à retrouver sur https://youtu.be/X2JFMwlZrRs et celle de Catherine Labbé sur https://youtu.be/zIyqs5Oxc1M

terrestre, Mickaël. Je me suis accrochée pendant longtemps à cette notion de flamme jumelle, mais elle ne m'apportait pas de joie, seulement une certaine densité et je n'avançais pas. Elle m'ancrait dans un passé de rêves, de fantasmes et d'incertitudes. La bonne nouvelle, c'est que cette âme m'a permis de prendre contact avec une partie de la mienne qui était en hibernation. Je me suis dès lors investie encore plus passionnément dans ma mission de vie et j'ai rencontré mon partenaire de vie, le père de ma fille. Ce fut un « *wake up call* », un réveil. Cette âme m'a bousculée et je la remercie, car j'ai pu me réaligner avec un potentiel plus élevé qui était en moi mais en sommeil. Je ne pense pas qu'une relation amoureuse nous fait perdre du temps. Comme le disait Guy Corneau[47], « nous sommes toujours dans la parfaite relation, avec le parfait partenaire », celle qui nous permet d'évoluer.

47. Guy Corneau, psychanalyste, auteur et conférencier québécois, mort en 2017, fut l'auteur de nombreux best-sellers dont *Père manquant, fils manqué*, *N'y a-t-il pas d'amour heureux*, *La guérison du cœur* et *Victime des autres, bourreau de soi-même*. Mon interview avec Guy Corneau sur l'amour est sur https://youtu.be/50q2MEk3KsA

Mon mari est mon partenaire idéal : il incarne le masculin chevalier, divin, sacré, qui prend son épée et nettoie ce qui n'est pas bon sur son passage. Mickaël, mon mari, est ainsi. Comme le résume si bien Patrick Ferrer[48] dans son livre : « Le masculin sacré représente l'homme aligné dans toute sa splendeur, qui agit avec le cœur, la conscience et dans toute sa congruence. » Il peut être vulnérable, courageux, à la fois féminin et masculin. C'est un être complet, au cœur ouvert, qui souhaite le meilleur pour son prochain. Son masculin blessé peut heurter mon féminin blessé, mais sans rancune, et nous pouvons accueillir, grâce à notre amour terrestre, notre évolution. Mon féminin sacré, divin, aime s'exprimer, se sent sauvé et se plaît à honorer son masculin. Ensemble, nous formons une équipe d'amour, nos parcours nous ont invités à travailler ensemble, main dans la main. Ma mission a d'autant plus de sens depuis que

48. Patrick Ferrer est thérapeute, créateur de la « Voie de l'Homme ». Il coanime des groupes de paroles d'hommes. Il est auteur de *La Puissance du Masculin sacré* aux éditions Leduc.s). Voici mon interview de lui sur le masculin sacré https://www.youtube.com/watch?v=XRNKHYiJonc

je suis avec lui. Je crois au couple sacré, divin, à celui qui s'est retrouvé pour travailler, vivre, exprimer ses talents ensemble, afin d'œuvrer au service de la Source.

La couleur indigo me fait penser à l'écriture inspirée, une forme d'écriture qui ne passe pas par la réflexion et que j'ai pratiquée plusieurs fois ces dix dernières années. Un accès direct à notre génie intérieur qui souhaite nous guider au travers de sensations corporelles, d'inspirations, de perceptions et même de notre imaginaire. Pour accéder à cette information, France Gauthier[49], auteure québécoise experte sur ce sujet, nous invite à nous sentir libres d'écrire sans juger de la véracité et la pertinence de ce qui est écrit. Bien entendu avant de coucher sa philosophie sur le papier, il faut commencer par une méditation. Je me souviens de ce moment à Paris, dans mon appartement du seizième arrondissement, près de la place Victor Hugo.

---

49. France Gauthier est une ancienne journaliste et animatrice de la télévision québécoise, auteure d'une dizaine de livres sur la nouvelle conscience, et que j'ai conviée à écrire avec moi le *Cahier d'exercices du Défi des 100 jours pour éveiller le génie en soi par l'écriture inspirée* (Éditions Guy Trédaniel, 2021).

Un appartement que des cocréateurs suisses m'avaient prêté pour me soutenir dans mon travail et la transition de vie que je vivais alors. Ce jour-là, j'étais de passage, pour faire un break de mon petit ami. L'après-midi, j'ai ressenti un besoin urgent de méditer, crayon et petit carnet à la main. Je reconnaissais cette sensation, et je savais que j'allais recevoir un message. Je me suis donc mise en position de méditation et j'ai posé ma question : comment mettre fin à ma relation ? À peine la question posée, j'ai entendu : « Ton succès est grand. » Surprise par ce message, j'ai poursuivi ma méditation m'imaginant que ce message était arrivé trop rapidement et qu'il n'était pas en lien avec ma question. Le même message est revenu. Je me suis mise à écrire et tout venait naturellement à moi. J'écrivis plusieurs pages, sans réfléchir, spontanément. Les mots étaient doux, rassurants, enveloppants. Quelques minutes plus tard, je recevais un coup de fil. C'était mon compagnon. Il ne m'avait jamais appelé sur ce numéro auparavant. Je lui dis que je ne souhaitais plus être avec lui. Il me demanda si j'étais sûre de moi, et j'acquiesçai avec aplomb. Cela faisait des mois que je ne trouvais pas le courage de le faire, que nous avions eu de nombreuses disputes, séparations, et que je pleurais souvent. Ce jour-là, après cette écriture inspirée, j'ai su ce que j'avais à faire : me séparer de lui. Après cet appel, je me suis sentie légère. Je savais que je venais de me libérer d'un poids et que j'avais pris la bonne décision. Je m'installai quelques semaines plus tard de manière permanente à Paris. Ma mission de vie fit un grand bond en avant. Je n'avais jamais rêvé de Paris, pourtant mon rêve devenait réalité : interviews faciles d'auteurs connus, proximité avec de grands médias me permettant de faire la promotion de mes ouvrages, conférences au cœur de Paris dans de magnifiques théâtres, organiser des conférences pour des auteurs américains que j'affectionnais particulièrement, comme Sonia Choquette, Joe Dispenza et Nassim Haramein, leur permettre de partager leur savoir avec le public français. J'aimais le rythme de Paris, ma vie, ma créativité, mon expression, cette abondance. Paris m'a permis d'ouvrir mes ailes, de vivre ma mission de vie et de rencontrer mon partenaire de vie.

Indigo comme certains êtres qui sont pour moi mystiques. Ils font partie des inclassables. J'ai rarement l'occasion d'en parler en interview. Le docteur Joe Dispenza, la princesse Constance de Polignac, Arouna Lipschitz ou encore Carolyne Myss sont pour moi des mystiques. Ils sont sortis grandis d'expériences qui leur ont permis de renaître avec une connexion profonde à la vie et au divin. Ils ont expérimenté la lumière. Souvent ils n'aiment pas les fioritures pour parler de spiritualité. Ils sont concrets, un peu « rentre-dedans », clairs et précis, d'excellents enseignants au regard profond, aussi captivants que leur savoir. Ils sont à la fois présents et connectés à un ailleurs. Je vous avoue prendre réellement mon pied quand je m'entretiens avec eux. Ils ne sont pas les plus simples à interroger, mais ils sont passionnants, de vraies bibles de savoirs. Ils ne sont pas pour autant libérés de leur *ego*, ce qui peut paraître paradoxal, mais cela me semble faire partie de leur karma de dépasser cette vie.

La chasse aux sorcières ne semble pas être terminée. Parler de l'invisible gène encore, est souvent ridiculisé. Si certains sont dans le déni, d'autres évoluent et développent leurs dons. L'écart se creuse entre les humains. Une vision matérialiste[50] de la vie est réductrice et minimise les capacités humaines. Viendra le jour où notre monde tel que nous le connaissons s'écroulera et où nous devrons trouver les réponses en nous. Ceux qui auront avancé sur ce chemin indigo pourront naviguer avec une moindre peur de l'inconnu et créer ce nouveau monde. Ils pourront accéder à leur sagesse intérieure sans attendre des directives venues de l'extérieur, des dirigeants. Ils ne seront plus esclaves mais libres de penser, d'agir, de trouver des solutions, de retrouver un équilibre de vie malgré les circonstances. Ils sauront naviguer dans le noir, grâce à leur lumière intérieure. Ils sauront faire appel à la vie pour les guider.

Ainsi notre Terre se divise entre deux mondes. Celui qui vit dans la peur, et l'autre, dans

50. Mario Beauregard, chercheur en neurosciences, parle du matérialisme de la science actuelle qui s'est transformée selon lui en idéologie et en dogme. Pour lui, la science a une existence propre et elle agit sur la matière. Il est l'auteur de nombreux livres, parmi lesquels *Du cerveau à Dieu* (Guy Trédaniel éditeur). Voici une de mes interviews: https://youtu.be/H2xsCeXwr_U

l'amour. Les deux ont des vibrations tellement différentes qu'ils ne se voient plus, ne se croisent plus. L'un est serein et confiant, l'autre est terrorisé par la vie elle-même, il a perdu l'espoir. C'est un choix de chaque instant. Ainsi, avant d'agir, je me pose toujours la question : « Le fais-je par amour ou par peur ? »

Indigo comme le papillon qui est venu à moi lorsque j'écrivais ce livre. Il m'a accompagnée, m'a encouragée et inspirée, et me propose la métamorphose, d'ouvrir mes ailes, de me dévoiler. Oser communiquer, écrire ce que je souhaitais librement, sans retenue. Oser dire les choses telles que mon cœur me les dicte, sans autocensure. Oser ouvrir mes ailes pour parler de l'invisible. Oser m'affirmer.

Invoquez l'indigo aujourd'hui pour vous accompagner vers des aventures extraordinaires. Remarquez si cette couleur envoûtante et mystérieuse vous envoie des signes de sa présence, un message ou une nouvelle connexion au sacré. Notez tout au long de sa journée ses interventions, plus une nouvelle dimensionnalité de votre compréhension.

Faites appel à l'indigo si vous souhaitez :

- Vous servir de votre intuition.
- Avoir le courage d'agir selon vos intuitions.
- Percevoir au-delà du visible.
- Décoller les étiquettes que l'on vous a attribuées.
- Ouvrir vos ailes.
- Devenir conscient de votre travail de lumière.
- Ressentir votre liberté d'être.
- Expérimenter les mystères de la vie.
- Être fier de votre cheminement spirituel.

Violet

Le violet représente un savoureux mélange entre deux couleurs primaires complémentaires : le rouge et le bleu. Cette couleur est magnétique pour certains, pour d'autres, au contraire, elle est repoussante. Le violet ne nous laisse pas indifférents. Féminin et énergétique, il invite à plus de douceur, de profondeur et de sens. C'est sans aucun doute la plus énigmatique des couleurs. Dernière couleur de l'arc-en-ciel, elle se comporte comme une porte, gardienne d'un mystère, d'un basculement ultime.

J'associe le violet à la spiritualité, à l'invisible, aux archives akashiques[51], ou encore

---

51. Les archives akashiques, également appelées annales akashiques, chroniques akashiques ou encore mémoires akashiques, représentent l'histoire de l'évolution de chaque conscience du vivant depuis sa création (passé, présent et

aux expériences de mort imminente (EMI). Cette couleur mystérieuse et profonde nous amène à voyager au cœur de l'univers. J'aime sa profondeur, sa volupté et son immensité. Parfois, elle me bouscule, d'autres fois elle m'apaise. Elle me protège et me guérit. Elle m'intrigue et me donne envie d'en savoir plus sur le vaste Univers. Quel mystère, quel vaste terrain de jeu. Soins énergétiques, sortie de corps, consultation médiumnique ou orgasme divin, le violet offre un vaste programme d'expériences où la mort et la vie s'entremêlent. Autant de possibilités pour faire ronronner notre âme, comme le disait si bien François de Witt, polytechnicien et auteur de *La Preuve par l'âme* que j'ai eu la chance d'interviewer plusieurs fois, et qui est devenu un ami. L'éveil n'a rien à voir avec les diplômes, l'héritage génétique, et encore moins le compte bancaire. Des personnes de tous horizons, de toutes éducations et cultures échangent sur ces sujets. Je n'aurais jamais imaginé avoir comme ami un

futur). J'ai eu l'occasion d'ouvrir mes archives akashiques et je recommande cette expérience unique, remplie de sagesse et d'amour. Les messages reçus lors de ces séances sont libératrices.

polytechnicien, et encore moins parler devant 800 étudiants ingénieurs à Polytechnique lors d'un TEDx[52] sur *Le courage d'être soi.*

Parler du monde invisible n'est pas très courant. Pour ma part, c'est mon quotidien. Non pas que je parle tous les jours avec des êtres invisibles mais dans mon entourage, les conversations au cours de dîners ou au téléphone avec des amis peuvent rapidement s'ouvrir sur ce sujet. J'aime interviewer des médiums telles que Patricia Darré, Monique Jorland, Geneviève Delpech ou Christelle Dubois. Je trouve que les informations qu'elles transmettent offrent une perspective complémentaire, moins étriquée et plus joyeuse de la vie : « La vie ne s'arrête pas à cette vie ». Comme le dit très justement Patricia Darré, auteure notamment du livre *Survivre dans le tumulte,* « l'image des médiums et des personnes en contact avec l'invisible a été caricaturée, dénué de leur vérité [...]. L'invisible est pragmatique. [...] Il faut être concret : dire ce que l'on voit,

52. Lien vers mon TEDx à l'École Polytechnique sur https://www.youtube.com/watch?v=2HVGzJpyN2Q

ce que l'on ressent, ce qui est possible, et ce qui n'est pas possible, et les réponses que l'on ne pourra pas avoir. Car sur cette Terre, on ne peut avoir toutes les réponses. Il y a une règle du jeu, on ne pourra pas tout savoir ici. Nous ne sommes qu'à une étape. »

Violet, c'est faire son *coming out* spirituel. Chacun aura sa version. La mienne s'est faite en ligne car je n'avais pas le courage d'en parler en personne. Il faut dire que j'avais peur de voir les réactions de ma famille et de mes amis, peur de ne plus être aimée, les voir me ridiculiser, me juger « perchée », naïve, les perdre ou pire, leur faire peur. Lorsque l'on expérimente une ouverture de conscience, on ne peut pas continuer de vivre de la même manière qu'avant. Il n'y a pas de retour en arrière à une ouverture de cœur, un état de conscience modifié ou à une EMI, et c'est tant mieux ! C'est peut-être cela qui fait peur à beaucoup : les conséquences du changement, l'inconfort dans lequel on se trouve ou admettre qu'on avait tort pendant si longtemps, qu'on faisait fausse route. Je peux vous rassurer tout de suite : ce sont des peurs qui disparaîtront après votre ouverture de conscience. Vous serez bien trop occupé à vivre, aimer et savourer toutes les couleurs de votre vie !

Tomber amoureux n'est pas palpable et pourtant le phénomène est bien réel. On le sait. Nous ne pouvons pas le mesurer et néanmoins notre comportement change, nos centres d'intérêt, nos envies aussi. On ne peut le démontrer mais ça se voit. Nos proches et même des inconnus peuvent deviner que nous sommes amoureux. Notre sourire, notre énergie, nos yeux transpirent le bonheur, l'amour. Eh bien, être en contact avec l'invisible procure des sensations similaires, et ça se voit. Un être ouvert spirituellement se voit. Il sourit à la vie, il est positif et heureux.

Ce n'est pas parce que des phénomènes sont inexplicables qu'ils ne sont pas réels. La science ne détient pas toute la vérité. Certes, elle nous aide, mais pour ces sujets « plus mystérieux », elle nous déserte car elle n'a pas de réponse, elle est dépassée. Elle nous emprisonne dans une réalité qu'elle ne peut expliquer, prouver, et donc qui n'est pas acceptable, pas convenable.

Je suis pourtant tombée enceinte à la suite d'une séance d'hypnose alors que la médecine traditionnelle avait échoué. Je sais instantanément en regardant une photo si je dois interviewer cette personne ou pas. J'ai su grâce à une clairvoyante avant même mon premier livre que j'allais en écrire plus de quarante, ou encore que je devais partir à l'aventure sans un sou en poche pour partager ce savoir. Collez-moi l'étiquette de « perchée » si vous voulez, mais je reçois des informations et j'expérimente des choses qui me permettent d'avancer avec une profonde joie et beaucoup de satisfaction. Ce qui m'impressionne plus que tout, c'est de voir la vitesse avec laquelle les choses se produisent lorsque notre conscience s'ouvre à une plus grande perception de la réalité. J'aime être productive, mais j'aime encore plus être au bon endroit au bon moment avec les bonnes personnes.

Beaucoup font appel aux médiums, aux clairvoyants, à l'hypnose, aux magnétiseurs, aux énergéticiens, mais peu ont le courage d'en parler. Je fus très heureuse en découvrant sur Instagram que Carla Bruni faisait la promotion du livre de Monique Jorland, *Les ombres me parlent*. Elle a osé. Elle n'est pas la seule. Les politiciens, le milieu de la mode, de l'entreprise ou même de la médecine consultent les esprits et les guérisseurs. Quand la maladie frappe ou lorsque la perte d'un être cher nous paralyse, nous sommes prêts à essayer autre chose : « Je n'avais plus rien à perdre. » On dira alors que ces méthodes sont faites pour les simples d'esprit, perdus, sans repère, faciles à manipuler. Se faire manipuler, voilà une grande peur qui prouve à quel point nous n'avons confiance ni en nous-mêmes ni dans les autres. J'ai moi aussi été méfiante, j'avais peur d'être utilisée. Mais je me suis aperçue qu'en enlevant mes propres masques manipulateurs, je n'avais plus peur. Si j'osais écouter mon cœur, alors je savais quand faire confiance et quand me protéger. J'ai su instantanément qu'une chose était bonne pour moi ou non, aussi incroyable soit-elle. J'ai su que toute expérience de vie que je vivais servait mon évolution. J'ai déposé les armes et j'ai ouvert mon esprit. J'ai pu enfin apprendre sur la vie en l'expérimentant par moi-même. J'en tire beaucoup de satisfaction, croyez-moi !

Le monde invisible a de l'humour. Ça va de pair. Je me souviens d'un voyage au Mexique, à

Chichén Itzá[53]. J'avais été invitée avec ma mère par un monsieur qui écoutait mes interviews. Il avait créé un complexe hôtelier magnifique, non loin des pyramides mayas. C'était en 2012, alors que nous approchions de la fin du monde annoncée par certaines prophéties. Avant de mener mon enquête, je m'étais mis en tête de prendre un bon bain de soleil. Aucun doute : en mars, à Cancún, le temps est idyllique. Mais cela n'était pas le cas et j'étais terriblement frustrée. Les tensions avec ma mère s'accéléraient elles aussi au point que je me comportais comme une adolescente. Je ne me reconnaissais plus. J'étais insatisfaite. Tout m'agaçait. C'était l'horreur. Je n'arrivais pas à surmonter ma négativité. C'était plus fort que moi. Cela ne m'était pas arrivé depuis très longtemps. Tout était devenu compliqué et dense. Dès notre arrivée à l'hôtel dans lequel nous étions invitées, je me plaignais de la chambre (qui était pourtant

---

53. Le site archéologique de Chichén Itzá regroupe de nombreuses pyramides mayas. Le domaine situé sur la péninsule du Yucatán est ouvert au public. Voici le lien vers une petite vidéo que j'ai faite là-bas pour partager avec vous la magie du lieu : https://youtu.be/It5bjsaIkCE

une magnifique suite présidentielle). À chaque situation, je trouvais un problème. J'ai essayé de me nettoyer énergétiquement, de poser de nouvelles intentions, de manger sainement, de me faire masser au spa, de prendre le soleil… Mais rien n'y faisait. Aucune amélioration.

J'ai alors appelé l'invisible. La situation me dépassait. Je n'y arrivais pas seule. J'ai fait ma demande loin des regards, dans notre chambre, en m'adressant directement à voix haute aux êtres de lumière : « Écoutez-moi, mes anges, et vous aussi, êtres de lumière, aidez-moi ! » La réponse fut presque immédiate. Je sortis de ma chambre et je tombai sur le propriétaire du complexe hôtelier d'O'kaan qui discutait avec un groupe. À cet instant, pour la première fois du séjour, me vient à l'idée qu'il serait bon de m'excuser de mon comportement déplacé : « Je suis vraiment désolée pour mon attitude ces trois derniers jours. Tout m'irrite, vous l'avez probablement remarqué. Je ne sais pas quoi faire. » Il rit et me dit : « Oui, j'avais remarqué que tu n'allais pas très bien. Ce n'est rien. Ça nous arrive à tous. » Son sourire, le ton de sa voix et sa gentillesse réchauffaient mon cœur.

Je me sentais déjà un peu mieux. J'étais authentique. Ce petit échange sincère, sans blâme, m'avait soulagée. Je le remerciai et ajoutai : « Je ne sais pas ce qu'il m'arrive. J'ai la sensation de ne pas pouvoir prendre le dessus. Ma négativité est plus forte que moi. » « Ça tombe bien ! me dit-il. Aimerais-tu rencontrer le guérisseur, l'*abuelo*[54] du village ? Nous nous apprêtons à le voir. Il habite tout près. Il est gratuit, efficace et atypique. » D'un grand OUI, je lui affirmais mon souhait de faire partie de cette aventure. Mon cœur, mon corps, mon âme, tout me disait oui.

Arriver chez un guérisseur, de surcroît dans un pays étranger, peut être surprenant, voire déstabilisant. Sa maison était remplie de statuettes de saints, de Jésus, de Marie, de bougies et d'anges. Il y en avait partout. Un bandeau sur la tête, l'*abuelo* maya nous accueillit torse nu avec un grand sourire. Le sol de sa maison était en terre battue, et notre groupe de quatre prit place. Je ne savais rien de lui, mais mon intuition me

54. Au Mexique, les *abuelos* sont les « grands-pères », les sages. Ce sont des médecins de village et ils guérissent tels les chamans grâce à leur connaissance des vertus des plantes.

confirmait que j'étais au bon endroit. Je sentais que cet homme était qualifié. On nous expliqua qu'il était le chaman, guérisseur, médecin du village. Je fus la première à passer, sans savoir à quelle sauce j'allais être « guérie ». Il regarda mes yeux, mes mains, mon aura et consulta ses bougies telles des boules de cristal. Il partit dans son jardin et revint avec des plantes médicinales trempées dans ce qui semblait être de l'eau bénite. En arrivant au Mexique, j'étais loin de penser qu'un petit Maya allait me fouetter avec des plantes ! La scène était digne d'une pièce de théâtre. J'éclatai de rire et je lançai un regard complice aux autres participants qui connaissaient déjà le personnage et ses méthodes. Incantations, prières, chants, quelques minutes plus tard, j'étais une nouvelle femme. Je sortais de sa toute petite maison, guérie. Je voyais le soleil, j'entendais le chant des oiseaux. Le petit nuage noir au-dessus de ma tête avait complètement disparu. Le lendemain, je pus reprendre mes interviews, la bronzette et les vacances paisibles en famille. Je ne sais pas précisément ce qu'il a fait, mais c'était exactement ce qu'il me fallait pour poursuivre paisiblement mon séjour.

Mes rencontres avec les Mayas du Yucatàn ne s'arrêtèrent pas là. Ainsi, il y eut celle avec l'*abuelo*, Antonio Oxté Léon, qui a vécu une expérience de mort imminente. On me le recommanda pour ses connaissances et ses soins hors du commun. Ma mère époustouflée par mon changement de comportement, et amusée par le récit de mon premier soin maya, trépignait d'impatience à l'idée de vivre une telle aventure, et se joignit à nous. Après quelques heures de route, nous voici arrivées dans une nature luxuriante, où les poules vivaient en liberté, mieux que certains humains sur Terre. L'*abuelo* Antonio avait un faux air d'Eckart Tolle[55]. Il nous accueillit chaleureusement, nous avons déjeuné avec lui (et ses poules), et je l'interviewai. Au fur et à mesure, nous découvrions les modalités du soin. Nous avions des fous rires incessants avec ma mère. Pas moins de six mains posées sur nos corps dénudés enchaînaient des mouvements accompagnant

55. Auteur du best-seller international *Le Pouvoir du moment présent*, paru en 1999, et traduit en trente-trois langues. Il vit aujourd'hui au large de Vancouver, au Canada, sur la petite île de Salt Spring. Je m'y suis rendue lors de mon *Juicy Living Tour*, mais n'ai jamais réussi à obtenir d'interview de lui.

le rituel « christique et angélique » de l'*abuelo* Antonio. Chants, prières, incantations, danses, nous étions telles des déesses allongées sur une pyramide maya que l'on remettait en offrandes aux dieux. J'eus la sensation de vivre à la fois une expérience de vie passée maya et de recevoir dans mon corps la bénédiction de l'esprit saint. Je ne peux l'expliquer autrement. Nous nous sentions heureuses, bénies et légères. La démarche était lumineuse et nous avions osé découvrir l'extraordinaire en allant au-delà de notre zone de confort. Lors de cette rencontre, nous avions écouté notre cœur, nos ressentis et notre *alegria* (joie en espagnol). Nous avons eu une grande satisfaction de l'avoir vécue ensemble. Ce fut une expérience inoubliable.

Cela dit, les expériences avec ces thérapeutes ne sont pas toujours positives. Les dérives existent dans ce milieu comme partout ailleurs. Il m'est arrivé de faire demi-tour, d'annuler un rendez-vous, de refuser un soin à la dernière minute ou encore de m'apercevoir au bout de quelques séances de l'objectif caché du praticien. Il est donc important d'avoir du discernement, d'écouter son corps et son intuition. Si on ne se sent pas à l'aise, si on a des doutes, si le thérapeute manque de respect, ou encore que cela va trop loin pour vous, alors, arrêtez l'expérience. Vous saurez faire la différence entre vos peurs, vos mécanismes de protection, votre *ego* ou les doux conseils de votre âme. Personne ne vous oblige à poursuivre. Certains font ce métier pour de mauvaises raisons, sans avoir guéri en eux leur part sombre. Mais dans ce domaine heureusement, plus nombreuses sont les personnes bienveillantes qui méritent d'être entendues, vues, consultées. Suivez votre intuition, osez en parler, et osez interpeller le thérapeute. Sa réaction à vos accusations, votre inconfort ou votre embarras en diront long sur son niveau de conscience et sur la confiance que vous pouvez lui accorder.

Que l'on soit au Mexique, en Thaïlande, en France, à Sedona ou au Sri Lanka, si les portes se ferment dans une direction, j'ai appris à ne pas essayer de les rouvrir. Nous ne sommes pas conscients de tout ce qui se joue, encore moins dans l'invisible, alors autant avoir un peu d'humilité et se laisser guider. Je l'ai appris au cours de mes voyages et interviews. Si l'univers ne souhaite pas que je m'entretienne avec une personne, que j'aille dans un pays, ou si je dois impérativement prendre des vacances, l'invisible sait me le dire. Il m'est arrivé de nombreuses fois d'avoir des soucis de caméra, de batterie ou encore de lumière quand une interview ne devait pas se faire. Si je n'écoute pas mon intuition, je reçois de nouveaux signes jusqu'à ce que je comprenne.

J'ai toujours voulu visiter l'Inde et, sur un coup de tête, j'ai acheté un billet d'avion « pas cher, non remboursable, non échangeable ». Bien qu'ayant plusieurs semaines pour obtenir mon visa, il me fut refusé pour une question de timing et de double nationalité. Pour ne pas perdre mon billet pour Mumbai, je décidai d'ajouter une extension pour le Sri Lanka et ainsi profiter de mon séjour dans un pays proche qui ne demandait pas de visa. J'y passai un agréable séjour et pus faire de superbes interviews. Pour revenir en France, je devais faire escale à Chenai avant de rejoindre Bombay, d'où décollait mon avion pour Paris. Impossible d'aller au-delà de Chenai. Pour tout vous dire, je fus « déportée » par Adolphe. Oui, la vie a de l'humour. C'est un Indien du nom d'Adolphe qui a signé le refus et tamponné en rouge mon passeport : « DÉPORTÉ ». Impossible d'entrer sur le territoire indien. Obligée de retourner au Sri Lanka et de trouver un autre billet d'avion, passant par les Émirats quelques jours plus tard pour rentrer à la maison. J'ai compris que j'avais certainement un mauvais karma avec l'Inde. Les portes de ce pays ne s'ouvrent pas à moi. J'ai pourtant interviewé en France, une Indienne, Amma[56], la maman divine aux millions d'étreintes. Mais pour l'heure, inutile d'insister. Je me contente donc de suivre les signes de la vie pour ce qui concerne mes prochaines destinations et mes rencontres. L'Univers me guide. Il est mon boss et il sait se faire entendre.

Je suis passionnée par mon métier, j'y consacre beaucoup d'énergie et de temps. J'aime tellement ce que je fais, qu'il m'est parfois difficile de partir en vacances, et de tout mettre de côté. Mes vies personnelle et professionnelle sont intimement liées. Cela dit, si l'Univers a

---

56. Mon interview d'Amma est à retrouver sur https://youtu.be/SaGQQvVuCtM

décidé qu'il était temps pour moi de partir en vacances, de me reposer ou de recevoir un « *boost* énergétique » il sait me le dire : annulations, panne d'ordinateur, d'Internet, soucis de santé, caméra qui ne démarre pas ou encore impossibilité de planifier des interviews sur une période donnée. L'Univers trouve toujours une solution pour me faire parvenir son message.

Si les énergies sont denses, que je sens un truc qui ne tourne pas rond, je n'hésite pas à sortir mon Palo Santo[57] et la sauge blanche séchée pour me nettoyer énergétiquement. Je me fais aussi un bon bain avec du gros sel non raffiné pour repousser la négativité, et si ça ne marche pas, alors je prends un rendez-vous pour un soin énergétique. Romain Camus est souvent le premier que j'appelle. D'aller voir Romain est un peu comme vider les poubelles puis se brancher sur le courant électrique pour faire le plein de bonnes vibrations. Je n'hésite plus à le faire à distance et à multiplier des séances avec

---

57. Le Palo Santo est un « bois sacré » dont l'utilisation par les chamans incas lors des rituels est très ancienne. Reconnu pour ses propriétés purifiantes et relaxantes, il permet de repousser la négativité et les mauvais esprits.

différents thérapeutes si j'en éprouve le besoin. Il me paraît important de prendre autant soin de mon corps énergétique que physique.

Le violet fait aussi référence, je l'ai dit plus haut, aux archives akashiques, cette bibliothèque géante regroupant la mémoire de chaque être humain et du collectif. On peut ainsi voir nos vies passées, apprendre sur nos liens karmiques avec certains proches, découvrir notre mission de vie, ou mieux comprendre une problématique. Elles peuvent être consultées par soi-même ou à des fins thérapeutiques comme le fait Marie-Christine Delahaye, auteur des *Archives akashiques*. Une expérience assez surréaliste *a priori* mais dont les informations sont congruentes et utiles. Pour ma part, les mémoires akashiques se sont présentées dans un rêve il y a quelques années. Je me suis retrouvée face des étagères de bois allant jusqu'à l'infini. J'ai su que des femmes m'avaient passé le flambeau pour me transmettre un savoir et éveiller les consciences. Ma relation avec l'invisible est plus concrète depuis. Je n'hésite pas à demander de l'aide. Lors de ma séance avec Marie-Christine, j'ai pu mieux comprendre ma relation avec mes parents, soutenir les besoins de Stella et connaître l'impact du livre que vous tenez entre vos mains.

Ma confiance et ma foi en la vie ont grandi ces dernières années. Je sais que la vie me veut du bien, qu'elle est avec moi. Avoir foi c'est savoir qu'une situation va se débloquer, que la solution va venir à moi, et que je suis protégée. J'ai foi que je ne suis pas seule mais délicieusement accompagnée par l'invisible. J'ai foi que l'amour triomphe, que la magie opère pour ceux qui le souhaitent. J'ai foi que nous avançons en direction de grands et beaux changements, et que même s'il y a un orage, nous trouverons refuge. « Avancer avec foi c'est avancer en prenant la première marche, même si on ne voit pas tout l'escalier », disait Martin Luther King Jr. C'est avancer avec générosité, sans peur du lendemain. C'est aller vers l'inconnu en étant certain que les solutions et les opportunités se présenteront, quel que soit le challenge que la vie nous présentera.

Le violet m'invite à voir plus grand, à croire au miracle, et à accepter l'aide de l'invisible. Il m'évade, me permet d'expérimenter de nouvelles sensations, des dons et des qualités que je ne connaissais pas. Le violet nous invite à rêver au-delà du visible, et à plonger dans nos plus grands rêves en sachant que le chemin est pavé de cadeaux. Le violet est là pour nous protéger, nous mener à bon port. C'est une ode à la joie et à la bonté de cet univers connecté. Il nous montre qu'une autre solution est possible, et que nous avons les réponses en nous. Il est une invitation à découvrir l'extase de la vie et la savourer pleinement tous les jours.

Et vous que vous inspire le violet ? Fermez les yeux, pensez violet et visualisez violet pendant quelques minutes, puis ouvrez les yeux. Que vous évoque le violet ? Que vous apporte-t-il de nouveau ?

Appelez le violet si vous souhaitez :

- Méditer.
- Percevoir différemment.
- Demander l'aide de ses anges et de ses guides.
- Déclarer à l'Univers que l'on souhaite son aide.
- Demander de vivre une spiritualité incarnée.

- Ajouter de l'humour et de la légèreté à votre éveil.
- Connaître des moments d'extase.
- Vous connecter à votre âme et aux archives akashiques.
- Vous sentir soutenu.

Noir

Le noir est l'absence de couleur. Techniquement, le noir apparaît lorsque toute lumière est absorbée par la matière. Le noir a de multiples visages. Souvent associé à la mort, à la tristesse, au désespoir et l'ignorance, il permet aussi de sublimer la couleur. Derrière l'ombre, il y a la lumière. Il peut ainsi nous aider à développer de nouvelles capacités et des dons que l'on ne soupçonnait pas car ils étaient cachés sous des blessures. Il est une épreuve à traverser pour renaître. Le dieu solaire, Rê dans la mythologie égyptienne, traversait toutes les nuits les ténèbres pour renaître plus lumineux chaque matin. Avoir peur du noir, c'est ne pas connaître sa lumière, son intemporalité, la beauté de son âme. Le noir ne demande qu'à être exploré et dissous. La lumière qu'il contient ne demande qu'à être libérée et révélée. Le Tao est représenté par un rond de deux énergies contraires et pourtant indissociables. Rien de ce qui est positif ne serait possible sans le négatif. Il symbolise ce qui n'a pas été compris et nous invite à ouvrir notre conscience afin d'accéder à une réalité plus lumineuse et colorée.

Lorsque je prends du recul sur mon parcours, j'en contemple les passages difficiles avec un certain détachement. La lumière est entrée dans ma vie grâce aux gouttes – perles – de sagesse de ces orages. J'avais tendance à accuser les coups, fuir, me plaindre, pointer du doigt ou me détester. Je croyais qu'en étant dure avec soi-même, seule, on avançait plus vite. Je croyais qu'il était préférable ne pas ressentir, de m'anesthésier en fermant mon cœur plutôt que de montrer mes sentiments. Je croyais qu'il était bon de paraître en société, de bien s'habiller, d'être jolie, polie, et même de mentir pour pouvoir survivre et prendre sa place. J'ai accusé les coups, je les ai subis, je me suis défendue et je me suis fait mal, très mal. Parmi les épisodes les plus douloureux de ma vie, il y a le divorce de mes parents, annoncé sans préambule, la perte de proches un peu trop jeunes, l'humiliation à l'école, me faire virer, ne plus avoir d'argent, revenir habiter chez ma mère alors que j'étais trentenaire, l'absence et le silence de mon père, des ruptures avec des pervers narcissiques, de longs passages de célibat ou encore me faire battre au sang à l'âge de dix-huit ans par deux femmes. La liste est beaucoup plus longue. J'ai appris de chacune de ces étapes, j'y ai trouvé de la lumière. Les stages, les livres, les cahiers d'exercices et les séances d'épanouissement personnel et spirituel depuis vingt ans m'ont permis de me libérer de beaucoup de ces expériences noires de la vie. Je me suis offert ce cadeau à moi-même. Ce n'est pas de la faiblesse que de demander de l'aide à un expert, c'est une force. Aller à la rencontre de ses ténèbres requiert du courage. Je me suis autorisée à penser différemment, à m'accepter, à m'aimer, à me pardonner. Comme dit le philosophe Carl Jung, « la chose la plus terrifiante, c'est de s'accepter soi-même ». Je suis consciente que le chemin est long et qu'il n'est pas fini. À chaque fois que je regarde au-delà de mon ombre, je découvre de nouveaux bonheurs. Je me sens moins prisonnière de mes propres limitations, de celles des autres. J'aime aimer. Ce sont les étapes sombres de ma vie qui m'ont appris à aimer. Je ne regrette aucune de ces expériences m'ayant permis d'explorer les profondeurs de mon être et de mon âme. Elles m'ont secouée, chamboulée, désorientée pour enfin me permettre de me reconstruire. Je suis consciente que derrière chacun de ces passages denses, il y a des couleurs. Mon être ne sera que plus lumineux. Ma sagesse pourra alors me guider. Je ne souhaite pas me faire du mal pour avancer. Je me désintoxique pas à pas de mes pensées négatives, comme un drogué le ferait. Je réajuste jour après jour ma manière de penser pour accueillir le bonheur. Cela demande des efforts, de la régularité, et parfois même de la discipline. J'en suis largement récompensée. Je m'attelle avec courage et anticipation aux trésors que je vais découvrir, et qui feront de moi une personne plus riche au plus profond de mon être et pour l'éternité de mon âme.

Ce qui nous fait peur, c'est parfois la lumière elle-même ! Prenons l'exemple de l'obsidienne que j'ai découvert au cours de ma pratique de l'œuf de Yoni. Cette roche volcanique est d'un noir particulièrement dense. Dans certaines cultures, l'obsidienne est utilisée pour un usage interne vaginal pendant de longues périodes afin de purifier le corps des impuretés psychiques, émotionnelles et corporelles. Accompagnées dans ce processus de transformation, les femmes utilisant cette roche noire souhaitent éclairer leurs zones d'ombre et libérer les rancœurs, les peurs, et les colères accumulées. Longtemps, cette pierre m'a fait peur, peur qu'elle me révèle l'ombre en moi. Je la déconseillais par voie interne. Et puis un beau jour, je me suis sentie appelée à l'essayer. Ma Yoni était prête, et moi aussi, pour recevoir les messages de cette pierre. À ma grande surprise, ce jour-là, j'ai ressenti beaucoup de lumière en moi. J'ai perçu toute la lumière que mon ombre ne m'autorisait pas à regarder. Comme si le fait d'en prendre conscience avait été une menace. En réalité, l'ombre protège en nous des parties très lumineuses, elle révèle la lumière.

J'ai reçu récemment le livre de Monique Jorland *Les ombres me parlent*. Je l'observais du coin de l'œil depuis quelques semaines sans oser l'ouvrir. Son titre me terrorisait. Un jour, ma curiosité a pris le dessus et je l'ai lu. J'y ai découvert le parcours exceptionnel de cette femme qui ne devait pas vivre, sauvée par un ermite guérisseur et qui a choisi de consacrer sa vie aux autres, avec générosité. Ses dons ont exigé d'elle un dévouement remarquable, un véritable sacerdoce. Elle-même surprise de la provenance de ses dons, elle guérit, prédit, perçoit l'imperceptible et voyage dans d'autres dimensions. Le contenu de son livre fut si lumineux et inspirant que je l'ai immédiatement contactée. Son interview[58] fut un grand et beau succès. Quelques semaines plus tard, je traversais la France pour la rencontrer en personne, expérimenter ses dons et entendre mon avenir. Je suis satisfaite d'avoir eu le courage d'aller au-delà des apparences, et d'avoir entendu ma petite voix intérieure me guider. Rencontrer Monique, c'est comme rencontrer une âme sœur. Nous nous sommes mutuellement fait évoluer.

J'ai longtemps pensé que l'ombre était plus puissante que la lumière. Que le mal dominait.

58. Ma première interview sur Skype avec Monique Jorland est sur https://youtu.be/zj933ocBflk

Je l'ai fuie et je me suis protégée. De passage à Amsterdam, en Hollande, je me souviens d'une rencontre qui me glaça le sang. Ce soir-là, on m'avait invitée à faire connaissance d'un homme exceptionnel. Voiture privée, restaurant ultrachic au bord de l'eau, le tapis rouge m'était déroulé. Un homme et une femme étaient venus me chercher, mais ne collaient pas avec le décor. La personne que je devais interviewer n'était pas présente. Cela ne sonnait pas juste. Arrivés à table ils m'annoncent qu'il est l'âme de Quan Yin, déesse de la compassion, réincarnée en lui. Sur le fond, pourquoi pas, mais je percevais une emprise, peut-être faisaient-ils partie d'une secte. Cela y ressemblait. Leurs arguments étaient particulièrement ostentatoires. Je pressentais une âme sombre et manipulatrice, une vraie supercherie, profitant de la crédulité de ce couple. Il me fallait leur expliquer avec délicatesse, les avertir du danger, sans les froisser que je ne ferai pas cette interview. J'avais peur des représailles les concernant, mais je devais refuser. Je craignais le pire quant à leur sort. Mon intuition était limpide et je dis un NON définitif malgré leur insistance. Pour tout vous dire, moi aussi, seule dans ma chambre d'hôtel, cette âme endoctrinante me glaçait le sang. Je mis des bougies et demandais l'aide de l'invisible et à certains amis énergéticiens. Je voulais être protégée. J'avais peur. Je n'ai pas beaucoup dormi cette nuit-là. Cette soirée m'a plongée dans la « nuit noire de mon âme », une sorte de dépression de l'âme qui m'a montré mes peurs les plus profondes. J'ai vécu une expérience de transformation intérieure où mon « vrai moi » s'est éveillé. Dans cette descente aux enfers, je me suis éveillée et j'ai déclaré haut et fort être un leader positif, lumineux, voulant soutenir l'éveil des consciences. J'ai senti mes ailes se déployer. Mon ombre m'a aidée à libérer ma lumière. Je peux avancer fièrement, avec intégrité, sans avoir peur du négatif. Sans ombre, il n'y a pas de lumière.

Tout comme l'ombre est intrinsèquement liée à la lumière, la mort l'est à la vie. Tout ne tient qu'à un fil, la vie est fragile. On pense avoir le temps, mais on ne sait pas quand elle va finir. En démystifiant la mort, on se passionne pour le vivant. J'aime l'idée que la vie n'est pas réductible à notre existence physique. La question m'intrigue depuis très longtemps et j'ai compilé de nombreux témoignages et interviews sur ce sujet dans différentes cultures et pays. Lorsque Raymond Moody[59] a écrit *La vie après la vie* en 1975, ce pionnier des études d'EMI a rassemblé des témoignages stupéfiants sur les voyages de la conscience après une mort cérébrale. Les conséquences d'une EMI ne se limitent pas à l'expérience elle-même. Le besoin de changer, de remettre de l'ordre dans sa vie, de vivre ses rêves ou encore de contribuer à un monde meilleur fait l'unanimité des déclarations de ceux qui en sont revenus. Ils ont envie d'exprimer une plus grande version d'eux-mêmes, comme en témoigne Natalie Sudman, ayant vécu une EMI en Irak. Lors de son interview[60] et dans son livre *Revivre*, elle révèle ses changements de vie après son « bain à la Source » (comme j'aime

59. Raymond Moody est l'auteur du best-seller mondial *La vie après la vie*. Vous pouvez retrouver son interview en anglais et sous-titrée en français en septembre 2012 sur Skype https://youtu.be/lLDARDErQ2U. Il a participé en personne en mars 2013 au congrès des EMI organisé à Marseille par Sonia Barkallah, auteure de *Et si cela vous arrivait ?*

60. Natalie Sudman est l'auteur de *Revivre* (Mama Éditions). Retrouvez son interview en français : https://youtu.be/yjHS88WG33c

l'appeler !) : « Dès que nous croyons que nous sommes séparés de la Source, de l'amour, des uns des autres, des animaux et de la terre, [...] nous n'expérimentons pas notre Soi le plus élevé. [...] Si nous nous rappelons que nous sommes des êtres infinis qui vivent une expérience à travers ce corps, à travers ces émotions, à travers ces pensées, et que nous sommes reliés à tout ce qui nous entoure, alors nous avons une expérience totalement différente. Nous devenons l'amour incarné. L'amour pas comme une émotion, mais un état d'être. Nous devenons amour. »

J'aime interviewer les gens qui ont vécu une EMI, au-delà de leurs mots, c'est leur énergie qui me captive. Ils vibrent avec une certaine légèreté d'être, un amour et une joie palpables. Les rencontrer, leur parler, lire leurs livres est un peu comme recevoir une gorgée de la Source, une vraie potion magique. Les personnes dans ce cas que j'ai pu rencontrer sont Anita Moorjani, Eben Alexander ou encore la princesse Constance de Polignac. Un de mes premiers entretiens[61]

61. Voir ma première interview avec Jean-Jacques Charbonier en mai 2012 à Toulouse sur https://youtu.be/-E6JD_FqAhk

fut avec Jean-Jacques Charbonier, anesthésiste réanimateur dans une clinique toulousaine. Je me réjouissais de pouvoir parler de l'au-delà avec un médecin, français de surcroît ! Enfin, un qui osait défendre l'idée d'une vie après la mort, qui « secouait le cocotier » comme il aime si bien le dire. Le docteur Charbonier a répertorié de nombreuses preuves scientifiques de l'au-delà dans ses livres. Les personnes qui en reviennent décrivent des mondes, des échanges, des situations où l'amour est omniprésent et où la mort n'est qu'un passage. Notre existence continue sous une autre forme. Le neurochirurgien Eben Alexander[62], pourtant très sceptique sur la vie après la mort, en fit lui-même l'expérience, après avoir été victime d'une méningite foudroyante. Plongé dans un coma durant sept jours, avec un cerveau invalide (un néocortex en grande partie touché), l'auteur de *La preuve du paradis* met de côté toute possibilité d'hallucinations et de rêves. Il ne croit plus en un cerveau qui produit

62. Voir mon interview en 2013 au congrès des EMI organisé par Sonia Barkallah à Marseille du Dr Eben Alexander traduit en français par Jocelin Morisson sur https://youtu.be/N17hUq80eU8

la conscience, car celui-ci limiterait ce que nous percevons en régulant les informations reçues. Il avoue que cette expérience a transformé toutes ses présuppositions sur la science et l'âme. Formé à la science matérialiste, Eben Alexander trouve désormais qu'il manque à la science une perspective quantique et non localisée de la conscience.

Le passage de la mort serait un passage initiatique. L'occasion de transcender cette incarnation, d'en comprendre les leçons, d'aller vers la lumière et de profiter d'un grand océan d'amour. La mort semble être vécue de la même manière que notre existence sur Terre. Si le travail de libération n'a pas été fait, on y sera confronté au moment de la mort. Les rancœurs, les non-dits, les méchancetés, les peurs, les trahisons remonteront devant autant de lumière. Certaines personnes seront attirées par elle, d'autres se sentiront menacées. J'ai lu sur le visage de ma grand-mère maternelle que ce passage la terrorisait. J'ai essayé de la rassurer avec mes mots, de lui dire qu'elle était pardonnée, qu'elle pouvait rejoindre son mari et je lui ai tenu la main. J'ai accompagné son âme énergétiquement du mieux que je pouvais telle une passeuse d'âmes.

Mon amie Évelyne a vécu différemment sa mort. Décédée d'une tumeur au cerveau à soixante-dix ans, elle est partie avec le sourire. Elle avançait en confiance vers la Source. Sa façon de vivre son existence a impacté sa façon de « vivre » sa mort. C'était une mère de cœur, du même âge que la mienne, avec en plus une ouverture spirituelle. Je lui ai parlé depuis par l'intermédiaire de quelques médiums. Elles m'ont dit qu'elle était heureuse dans la lumière, avait pu faire de nouvelles découvertes, et s'était adaptée rapidement aux changements. Je n'ai pas été surprise : ce qu'elle a vécu de son vivant l'aide dans l'après-vie. C'est une continuité de l'évolution terrestre.

Noir me rappelle aussi la substance gluante qui recouvrait mon corps lors de ma dernière séance d'hypnose régressive quantique de Dolores Canon[63] avec Candice Craw-Goldman. Dolores

63. Dolores Canon (1931-2014), hypnothérapeute américaine, s'est intéressée à la thérapie de régression en 1979. Elle a développé sa propre méthode *Quantum Healing Hypnose Technique* (QHHT). Elle obtenu de nombreuses guérisons

m'a expliqué que l'on peut obtenir beaucoup d'information et de vrais miracles dans cet état de conscience : « Quand vous êtes à ce niveau de transe, votre conscient ne peut interférer. La plupart des hypnotiseurs travaillent sur un niveau plus léger de transe lors de laquelle on se souvient de tout. Notre partie consciente est la partie la plus stupide de l'être humain. C'est la partie qui ne sait rien, ne connaît rien et qui néanmoins pense savoir et veut tout contrôler. La vraie connaissance vient de l'autre partie. J'ai trouvé une façon de s'y connecter, la source de toute connaissance. Il n'y a rien que vous pouvez découvrir si vous vous y connectez. C'est avec elle que je travaille. J'ai découvert que je peux recréer cette connexion en amenant la personne au niveau le plus profond afin d'avoir toutes les réponses et c'est également à ce niveau que les guérisons se produisent. »

---

spontanées à la suite de ses séances grâce à l'intervention à la supraconscience. Certains de ses dix-huit livres ont été traduits en français, dont *Les trois vagues de volontaires et La Nouvelle Terre*. Mon interview de Dolores Canon traduite en français est à retrouver sur https://youtu.be/2hYWH4pEDpY et la version originale en anglais est disponible ici : https://youtu.be/R8WRfVxkjxU

Dans un état modifié de conscience, ses patients lui ont raconté leurs vies antérieures, leurs vies extraterrestres et leurs expériences dans la Source. Certains ont connu des guérisons spontanées et inexpliquées. Dolores pouvait ainsi obtenir des réponses sur les causes des maladies, les difficultés d'une incarnation, des choix de l'âme dans cette vie. J'ai pu expérimenter deux fois cette technique. La première fois, je suis tombée enceinte le lendemain, et la deuxième fois, j'ai vécu une aventure plutôt étrange, qui semblait me parler symboliquement des temps actuels et à venir. Lors de cette séance, je me voyais engluée à un plafond. Tout était noir. Je ne pouvais pas bouger les bras, que je ressentais comme des ailes attachées à mon corps. J'avais la sensation d'être une chauve-souris et de ne pas pouvoir bouger. Je n'étais pas seule, nous étions très nombreux et conscients de notre état, mais physiquement paralysés. Notre mental fonctionnait, pétillait, lumineux malgré nos corps denses et figés. Il n'y avait pas de hiérarchie et on communiquait à travers un réseau lumineux télépathique. L'expérience fut joyeuse. Il semblait que nous ayons choisi d'être ici, dans cet état intermédiaire. Puis la lumière et le soleil arrivaient. Nous nous libérions de cette sensation gluante de pétrole noir qui s'écoulait. On redécouvrait le mouvement de nos corps grâce à la lumière qui pénétrait chacune de nos cellules. Nous nous métamorphosions en archanges, nos grandes ailes libérées. Elles avaient toujours été là. L'archange Michaël me bénit avec son épée. Je recevais alors un magnifique soin et me retrouvais à baigner dans le Source. Avec un immense sourire.

Cette séance fut bien différente de la première[64] au cours de laquelle j'avais expérimenté plusieurs vies passées et un magnifique soin de la Vierge Marie. La deuxième séance avec Candice me semblait symboliser le monde dans lequel nous vivons. Celui-ci nous englue. Il nous impose de fonctionner, de penser différemment. De grands changements de conscience approchent. Nous apprenons à communiquer, travailler et nous déplacer différemment. Nous sommes connectés à des communautés autour de nous.

64. J'ai fait ma première séance avec Alice Descoux, une Française formée aux techniques de Dolores Canon. Voir son interview à Bordeaux sur https://youtu.be/_3ATI-k6t-w

Nous retrouvons notre liberté de pensée, notre autonomie. Nous choisissons de nous dorloter, de nous cocooner, de nous protéger, le temps de nous reconstruire. Nous sommes une chrysalide, un futur papillon, une humanité nouvelle en pleine gestation. La naissance est proche. Elle nous demande de passer d'un état de conscience à un autre, de faire confiance, de lâcher prise et d'avancer vers la lumière. Soyons patients. Nous n'avons jamais perdu nos ailes malgré la vie que nous menons. Grâce à la lumière que nous invitons dans nos vies, nos ailes se déploient. Nous devenons des anges[65] sur Terre.

Comment percevez-vous le noir, l'ombre, la mort ? Regardez l'intérieur de votre maison, vos placards pour voir s'il y a plus de noir que de couleurs. Vous habillez-vous souvent en noir ou les couleurs sont présentes dans votre garde-robe ? Pensez aux moments que vous avez transmutés, libérés pour voir la lumière qui a pu pénétrer dès lors que votre ombre a été détrônée.

---

65. Ceci me rappelle une vidéo : *Lilou, l'ange de l'amour* que j'ai enregistrée en 2010 appelant tous les anges à se réveiller https://www.youtube.com/watch?v=bqAfS7AUjtM
Cette vidéo est sous-titrée en français.

Enlevez le noir si vous souhaitez :
- Voir la lumière.
- Vous protéger.
- Aller au-delà de votre pensée limitante.
- Explorer votre ombre pour faire jaillir notre lumière.
- Inviter l'ange que vous êtes à ouvrir ses ailes.
- Inviter plus de couleurs dans votre garde-robe.
- Développer vos dons et explorer votre potentiel.
- Dépasser le deuil et inviter la vie.
- Profiter de la vie.

Blanc

Contrairement au noir qui est l'absence de couleur, le blanc est la somme de toutes les couleurs. Il inclut toutes les potentialités. Le blanc transcende les couleurs, la matière. Il est le symbole du renouveau, de la pureté, du Divin, de la vérité, de la conscience. Le blanc dissout le noir par sa puissance d'amour. Il symbolise une nouvelle forme d'existence, un nouveau monde, une renaissance. Comme le dit l'historien spécialiste de la symbolique des couleurs, Michel Pastoureau, « le blanc est la couleur qui donne leur équilibre, leur valeur et leur beauté à toutes les autres ».

Quand je pense au blanc, je pense au sommet des montagnes. Un sommet en particulier me vient à l'esprit, celui du Grand Paradis en Italie, non loin du mont Blanc.

J'ai escaladé ce sommet avec mon compagnon Mickaël. Nous nous connaissions depuis quelques semaines seulement quand je l'ai suivi dans son projet un peu fou de s'entraîner pour monter au mont Blanc. Les conditions n'étant pas réunies pour faire l'ascension du toit de l'Europe, nous avons grimpé au Grand Paradis, le 14 septembre 2016. Au milieu de la pureté de la neige vierge qui trône à ce sommet de 4 061 mètres d'altitude, Mickaël a demandé ma main. Dans un état de grâce, le temps était comme suspendu et je lui ai dit OUI. Après un cri de joie qui a retenti dans toute la vallée, il a enfilé une bague de fiançailles à mon annulaire gauche. Je remerciais Marie, la vie, mon cœur explosait de joie. En un instant, tous les efforts pour monter et pour rencontrer mon fiancé étaient du passé et une belle page blanche nous était présentée. Un futur lumineux, amoureux et rempli de gratitude s'annonçait. J'avais attiré à moi le grand amour, à trente-neuf ans.

Nous nous sommes mariés trois années jour pour jour après l'ascension du Grand Paradis. Nous avons organisé une célébration d'amour. Certes, nous nous sommes mariés à la mairie, mais nous n'avons pas souhaité nous unir dans une église. Nous avons créé notre propre cérémonie en spirale. Il n'y avait pas de prêtre ou d'autorité religieuse, simplement la bénédiction de la nature et les personnes qui sont les plus chères à nos cœurs. Nous avions quatre-vingts invités, tous vêtus de blanc. Le meilleur ami de mon mari, revêtu de deux grandes ailes d'ange accompagnait narrativement notre cérémonie. Avec le professionnalisme de mon homme spécialiste en événementiel, nous avons pu programmer au millimètre un rituel en grandeur nature. Mickaël a fait son entrée avec sa mère, en musique. Ils sont entrés dans la spirale où étaient assis tous les invités puis il a continué son chemin seul jusqu'au centre. La musique que nous avions choisie a démarré : « She » de Charles Aznavour. De chaudes larmes de joie coulaient sur mon visage au fur et à mesure que j'avançais vers Mickaël, accompagnée de mon père. Je n'étais pas la seule à pleurer. Comme ma mère, que je n'avais pas vue depuis plus d'un an. Je marchais lentement vers le centre de la spirale, en croisant les regards de personnes qui nous sont chers. C'était intense. Mon père me laissa continuer seule vers Mickaël. Nous étions réunis. Notre vie ensemble pouvait commencer. Au centre de la spirale, nous avons dansé sur Luciano Pavarotti en formant une lemniscate. Chaque huit que nous formions racontait notre rencontre : un regard, une caresse, un bisou, la passion, l'amour… C'était rond, voluptueux, intime. Parmi les autres moments marquants de la cérémonie, il y eut le rituel de la roue de vie. Notre souhait était de recevoir la bénédiction de la nature et des éléments associés à chaque direction de la roue. Ces rituels chamaniques amérindiens étaient inconnus de la plupart de nos invités, et recréés et adaptés par nos soins pour notre journée d'union. Un moment unique au contact de la nature, des éléments, et des ancêtres, eux aussi honorés et remerciés. Nos vœux prononcés devant tous ont fait écho chez de nombreux couples à leur propre histoire d'amour et aux bouleversements et changements auxquels un couple fait face, dont l'arrivée d'un enfant.

C'est au moment de l'arrivée de notre petite Stella, alors âgée de six mois, sur la musique du *Roi Lion* dans les bras de son grand-père paternel que l'émotion fut à son comble. Rares étaient ceux qui l'avaient déjà rencontrée. Des larmes coulaient sur tous les visages. Il était impossible de ne pas pleurer tellement l'amour, la joie étaient palpables et rappelaient à beaucoup la magie d'avoir un enfant. Ma robe de mariée n'est pas blanche, elle est très légèrement rosée avec des étoiles argentées – céleste ! Je l'avais trouvé à Londres chez Temperley à la dernière minute avec mon amie et témoin italienne, Elisa. Un ange elle aussi. Son soutien autour de cette union restera toujours gravé dans mon cœur. Je ne pourrai jamais oublier une telle gentillesse et envie de servir, d'aider. Oui, notre célébration d'amour était unique, tout comme notre relation. Nous avons donné rendez-vous dans dix ans à tous nos amis présents ce jour, et avons scellé une caisse d'un magnum de l'année de la propriété viticole dans laquelle nous avons célébré cet événement, le château Paveil de Luze, à Margaux. Un lieu magique qui nous a choisis et merveilleusement accompagnés dans ce passage initiatique. Créer notre célébration d'amour nous a demandé beaucoup de travail et de courage. Nous avons osé aller au-delà du conventionnel pour exprimer nos valeurs, notre perception de la vie, et pratiquer les rituels qui nous tenaient à cœur. Nous avons pu sceller notre amour, notre vision du monde, et du Divin ce jour-là. Au-delà d'une déclaration de notre amour, ce fut la déclaration, haut et fort, de notre vision de vie, de la grandeur de l'existence et de l'amour incarné. Beaucoup de nos invités nous ont exprimé leur immense gratitude de leur avoir fait vivre une telle expérience. L'amour était palpable.

Le blanc est une grâce qui nous tombe dessus. Il vient à nous. On ne peut planifier ce moment. Il donne du sens à la vie, nous guérit, nous permet de voir le Grand Tout. Le temps n'existe plus, l'espace non plus, tout est relié et tout a un sens. La grâce nous rappelle que la vie est Amour et que « nous ne sommes pas des êtres humains vivant une expérience spirituelle, nous sommes des êtres spirituels vivant une expérience humaine » comme l'a si justement dit le grand théologien Pierre Teilhard de Chardin[66].

Parmi les moments de grâce que j'ai eu la chance de vivre, il y a la bénédiction de la Vierge Marie. Elle m'est apparue dans l'invisible lors d'une séance d'hypnose avec Dolores Canon. Je me suis immédiatement sentie aimée pour tout ce que j'avais fait, tout ce que je ferai, tout ce que je suis. J'ai vécu ce moment comme une guérison rétrospective de ma vie. En un instant, l'amour se répandait sur ma vie passée, présente et future. Lorsque l'on meurt, on entend souvent parler de ce passage où la Source nous demande si nous avons aimé. Alors vient à nous la vision des moments où nous n'avons pas pardonné, blessé ou jugé. Ce moment avec Marie était l'opposé. Il n'y avait aucun jugement. Elle a béni et mis de l'amour partout où je n'en ressentais pas. C'était tellement bon de sentir un amour inconditionnel pour la première fois.

---

66. Pierre Teilhard de Chardin (1881-1955) était un jésuite, chercheur, théologien, paléontologue et philosophe français.

Je n'avais jamais ressenti autant d'amour de ma vie. J'étais remplie de belles énergies et le lendemain, je suis tombée enceinte. Non pas par le Saint-Esprit, car mon mari m'a lui aussi béni, mais je pense avoir reçu ce jour-là une guérison spontanée. Quelques mois avant mes quarante-deux ans, Stella est née, avec l'aide d'un médecin qui s'appelait Marie. Marie avait aussi été présente en haut du Grand Paradis. Nous avons donc donné à Stella comme deuxième prénom, celui de la mère divine.

J'ai vécu un autre moment de grâce au pied des montagnes hawaïennes. C'était ma première expérience de Watsu, un massage dans une eau à 37 degrés où l'on s'abandonne dans les bras du praticien. Le Watsu propose une libération des tensions, du mental, mais aussi des mémoires passées qui peuvent nous hanter. Il est vrai que le décor et le charmant praticien italien, professeur de qi gong que je venais d'interviewer avait beaucoup d'expérience en Watsu. Il habitait dans un lieu paradisiaque avec sa femme japonaise, au pied d'un ancien volcan et avait son propre bassin. Mon expérience du Watsu fut un moment de grâce, de profonde détente et d'intense joie. Mon état de conscience fut modifié par les mouvements ondulatoires créés par le praticien dans l'eau. J'étais dans le ventre de Gaia, la Terre-Mère, prête à renaître. Je dois vous avouer que ce soir-là, mon ami hollandais Baptist De Pape, auteur du livre *L'infinie puissance du cœur*, a cru que je venais de faire l'amour et vivre un énorme orgasme tellement je planais. Il avait en partie raison, mais ce n'était pas avec un humain. Je vivais un moment de grâce, un orgasme avec le Divin, au cœur de la terre et du cosmos, dont je me souviendrai éternellement. Ce fut un magnifique cadeau de la vie de m'avoir reconnectée à la Source.

Ce moment de grâce ne fut pas le seul que j'ai pu vivre à Hawaii. Une autre expérience inoubliable fut ma première nage avec des dauphins de Big Island. J'étais accompagnée par Joan Ocean[67] une femme qui a dédié sa vie

---

67. Joan Ocean est une psychologue et chamane qui travaille sur les dauphins et les baleines pour explorer leur lien avec l'avancement de la conscience humaine. Voici mon interview : https://youtu.be/m357OySeBTQ et ma rencontre avec les dauphins sauvage de Big Island : https://youtu.be/r-k9MbIvtXg

aux dauphins et aux baleines. Nager librement auprès d'eux, recevoir leurs chants était surréaliste. Je n'avais plus de perception du temps et de l'espace, aucune peur ne me traversait l'esprit, j'avais seulement envie de nager le plus longtemps possible à leurs côtés. Ils venaient à moi. Je ne sais pas ce qu'il s'est passé dans l'eau, j'en suis sortie transformée. Je planais comme si j'avais été hypnotisée par ces mammifères et qu'ils avaient harmonisé mon féminin et mon masculin. Ce jour-là aussi, la grâce m'est tombée dessus.

Pendant longtemps, je n'ai pas pu prononcer le mot Dieu. Un ami rencontré à Miami m'avait fait remarquer que j'avais un souci avec « *God* ». « Mais non, que racontes-tu ? » lui avais-je rétorqué. Mais j'ai fini par avouer qu'il m'avait mis très mal à l'aise. Ramadès vivait à New York et travaillait pour le *Wall Street Journal.* C'était un Sud-Américain, homme d'affaires averti, puissant. Il m'avait invitée à déjeuner au Biltmore Hotel. Un hôtel majestueux à faire tourner la tête par la beauté et la taille du bâtiment et de la végétation. Il proposait des déjeuners hors de prix, du moins était-ce ce que je trouvais à l'époque. Je discutais souvent avec Radamès, j'avais environ une vingtaine d'années de moins que lui. Il devait apprécier mon charme français, mais je n'étais pas attirée par son physique. J'aimais son intelligence et plus particulièrement sa manière déstabilisante de me faire prendre conscience de mes blessures. Ce jour-là, il m'a fait comprendre que depuis très longtemps j'avais mis de côté le mot Dieu. Je lui parlais alors de mes souvenirs les plus lointains de Dieu. Je lui racontais que petite fille je souhaitais aller à l'église très souvent et mes parents me laissaient y aller seule. Mes souvenirs petit à petit revenaient, et j'ai vu le moment où j'en ai voulu à Dieu. J'étais en primaire. J'avais prié, lui avais demandé de m'aider mais il ne l'avait pas fait. Après le divorce de mes parents, je m'étais sentie seule, abandonnée, même par Dieu. J'avais onze ans. Déchiré par ma situation d'enfant de divorcés, mon cœur s'est fermé. Et Dieu n'y était plus rentré.

Blanc comme le jeûne afin de se détoxifier, de se déconditionner d'automatismes alimentaires, de se purifier, se recharger en bonnes énergies. Hippocrate affirmait : « Il faut être mesuré en tout, respirer de l'air pur, faire tous les jours [...] de l'exercice physique et soigner ses petits maux par le jeûne plutôt qu'en ayant recours aux médicaments ». Cela fait longtemps que je mesure dans mon corps l'importance de la « détox ». C'est à la suite de ma première détox de douze jours à Chicago, en 2007, que je suis devenue crudivore pendant un an. Mon corps ne voulait manger que du cru et du vert. Deux fois par an, je fais une détox, mais jeûner me faisait peur. C'est à la suite d'une récente gastro que l'envie naturelle, l'impulsion intérieure de jeûner durant un jour est venue. Je me suis sentie prête à l'expérimenter et me suis très rapidement remise sur pied, ma rosacée s'est estompée et mon énergie est devenue plus cristalline. Il me paraît évident que pour tester de telles méthodes, il est important de le faire quand on se sent prêt et pour les bonnes raisons. Mon intention est maintenant de jeûner un jour par semaine, le lundi par exemple, comme le fait mon ami Romain, ou dès que je vois que ma rosacée me signale un mal-être intérieur, souvent dû au stress : « Le foie et les parois de l'intestin se régénèrent, le pancréas et l'estomac sont mis au repos et la flore intestinale se rééquilibre. » C'est en regardant le documentaire *Vivante*[68] et en discutant avec mon coach sportif David Bouih[69] qui le pratique lui-même que l'idée du jeûne intermittent a germé. Le jeûne apparaît maintenant dans ma vie comme une solution pour purifier mon corps, me soutenir dans mon éveil, pour retrouver un équilibre de vie face au stress et aux excès. Je me nourris d'amour, d'énergie vitale, de prana et d'eau fraîche un peu plus souvent.

Blanc, c'est aussi demander avec douceur d'être respecté dans ses choix de vie, dans sa vision du monde. L'amour est sûr et puissant. Il n'a pas besoin d'être teinté d'une autre couleur pour exister. Il est pur. Il nous montre que

---

68. Interview d'Alex Ferrini, réalisateur de *Vivante* sur https://youtu.be/Fl4a6OO8zzw

69. David Bouih est mon co-auteur du *Cahier d'exercices du Défi des 100 jours pour booster son corps et son cerveau* (à paraître en 2022). En 2016, j'ai sorti également le *Cahier d'exercices du Défi des 100 jours pour une alimentation consciente* avec mon papa Jean-Yves Macé.

nous devons nous respecter, poser nos limites et nous sentir vivants. Je crois en la bienveillance et la compassion, il est aussi important de l'appliquer à nous-mêmes. Beaucoup peut être dit avec amour, et surtout entendu. Le cœur sait s'exprimer. La lumière s'infiltre dans nos cerveaux, nos cellules, mais aussi dans nos actes et nos paroles. De la qualité de notre parole d'aujourd'hui, de nos actions dépendra notre futur. Si nous souhaitons qu'il soit lumineux, alors invitons la joie, osons rendre service et enchanter le quotidien de nos proches, des personnes qui nous sont chères. Pourquoi nous retenir de les aimer s'ils sont prêts à recevoir ? Le blanc est pur. La lumière traverse notre corps et se reflète en nous.

Aujourd'hui, remarquez le blanc qui est dans votre vie. Invitez-le à se présenter, à vous guider dans nos choix. Appelez à vous un moment de grâce. Invoquez le blanc, priez et sentez-vous guidé par le Divin. Dédiez cette journée à réaliser tout ce que vous faites pour le Divin. Observez et notez en fin de journée ce que vous avez appris, compris et autorisé grâce à cette couleur de pureté.

Appelez le blanc si vous souhaitez :
- Vivre une grâce.
- Vous sentir guidé par la Source.
- Ressentir la pureté de votre âme.
- Recevoir des énergies pures.
- Être protégé.
- Vous nourrir d'amour et d'eau fraîche.

Conclusion

Un jour, un sage m'a dit : « Ton diamant est brut, Lilou. Taille-le, polis-le. Il scintillera pour toi et les autres. » Avertie par ces propos, je me suis tout de même questionnée. Puis est arrivé le jour où je me suis sentie prête. Mon diamant brut a entamé sa transformation. Le travail est long. Mes facettes réfléchissent de plus en plus de lumière et scintillent de couleurs. Je continuerai de tailler et polir ce diamant car à chaque fois que je le fais la vie est plus colorée.

Rêver sa vie en couleurs est possible en affinant sa perception par une approche ouverte débouchant sur une plus grande joie.

Le changement est un choix de chaque instant. Vous pouvez décider de vivre une vie extraordinaire ou ordinaire, dans les deux cas vous vous prouverez que vous avez raison.

Ce qui est extraordinaire pour moi ne l'est peut-être pas pour vous. Vous êtes unique et il est temps d'oser exprimer librement qui vous êtes. Le monde a besoin de vous. Personne ne peut mieux jouer votre rôle que vous-même. Personne n'a la même palette de couleurs. Personne ne peut s'éveiller à votre place. Personne ne peut choisir pour vous ce que cela implique. C'est à vous de vivre tel que vous le souhaitez et de continuer de polir votre diamant. Le basculement des consciences ne pourra prendre place sans votre participation. Toutes les pièces du puzzle ont besoin d'être assemblées. Chacun de nous a sa partition à jouer pour que la mélodie soit entendue par le plus grand nombre. Vous faites partie de ceux qui engendrent un changement sans précédent. Ce saut quantique est possible en partant du bas vers le haut afin d'atteindre des sommets où le blanc sublime toutes les couleurs.

Nous nous retrouvons alors dans un océan de couleurs avec notre joie pour boussole. Certes, la navigation est parfois déstabilisante et nous demandera de l'entraînement, mais rapidement « vous devenez maître de votre destin, le capitaine de votre âme »[70]. Cette liberté intérieure retrouvée, vous naviguez dans un océan de bonheurs à partager.

Votre joie contamine la planète de projets les plus audacieux et amoureux. Ceux-ci sont guidés par une créativité connectée à une source inépuisable et prête à vous tendre la main dès que vous le souhaitez.

Oui, je rêve d'un monde meilleur. J'ai l'intime conviction qu'il commence en chacun de nous et que nous sommes ceux qui vont provoquer ce changement. Il se fera lorsque notre conscience s'éveillera et que nous déciderons de vivre dans le monde dont nous rêvons. Cela demande de se retrousser les manches, de se mettre au travail, et d'agir consciemment au quotidien en écoutant à chaque pas ce que nous ressentons.

Je vous souhaite une joyeuse et longue route sur ce chemin enchanté. Puissent nos âmes se sentir connectées et avancer courageusement.

---

70. Extrait du poème *Invictus* de William Ernest Henley (1849-1903), le poète préféré de Nelson Mandela.

Remerciements

Ma reconnaissance va tout d'abord au directeur éditorial des éditions Michel Lafon, Laurent Boudin, et à son équipe, sans qui ce livre n'aurait pu voir le jour. Son accompagnement et ses suggestions m'ont permis de progresser et d'écrire un livre plus mature, plus abouti, plus intime que mes précédents. Il reflète parfaitement ce que je souhaitais exprimer de mon univers coloré.

Ma reconnaissance va ensuite à mon chéri pour son constant encouragement sur ce chemin. Son amour et sa lumière ne cessent de me surprendre et de m'éveiller.

Enfin, ma gratitude va également et profondément à tous les cocréateurs de ce monde. Au cours de ses nombreuses années d'interviews, de conférences, d'écriture, j'ai été touchée et inspirée par la confiance que vous m'avez accordée, la richesse de vos partages, la bienveillance et la générosité avec laquelle vous naviguez. Ce livre vous est dédié.

Du même auteur

Aux éditions Guy Trédaniel

• Collection Cahier d'exercices du Défi des 100 jours

Cahier d'exercices du Défi des 100 jours pour une vie extraordinaire, 2015.

Cahier d'exercices du Défi des 100 jours pour vivre la magie au quotidien, avec Arnaud Riou, 2017.

Cahier d'exercices du Défi des 100 jours pour une alimentation consciente, avec Jym Macé, 2017.

Cahier d'exercices du Défi des 100 jours pour libérer sa relation à l'argent et vivre son abondance, avec Christian Junod, 2017.

Cahier d'exercices du Défi des 100 jours pour trouver sa mission de vie et se réaliser pleinement, 2019.

Cahier d'exercices du Défi des 100 jours pour développer son intuition, avec Sonia Choquette, 2020, 2e édition.

Cahier d'exercices du Défi des 100 jours pour éveiller son féminin par le Tao, avec Aisha Sieburth, 2020.

Cahier d'exercices du Défi des 100 jours pour une vie arc-en-ciel, 2021.

• Collection Cartes du Défi des 100 jours

100 cartes pour une vie extraordinaire, 2015.

100 cartes pour vivre la magie au quotidien, avec Arnaud Riou, 2017.

• Collection « et ça me plaît »

J'ai perdu mon job et ça me plaît : 30 jours pour trouver l'emploi de mes rêves grâce à la loi de l'attraction, 2011.

J'ai pas d'argent et ça me plaît : vivre au cœur de l'abondance ici et maintenant, 2012.

J'ai pas de religion et ça me plaît : comment cocréer une vie qui a du sens, 2014.

Je suis célibataire et ça me plaît : chronique d'une femme libérée à la recherche du grand amour, 2016.

Du même auteur

J'ai dit oui et ça me plaît : renaître et accoucher de soi-même, 2019.

Je suis enceinte et ça me plaît : chroniques d'un authentique voyage au cœur de la grossesse et de l'accouchement, 2019.

• Aux éditions La Télé de Lilou, collection Le Défi des 100 jours

100 cartes pour vivre son abondance, 2017.

100 cartes pour écouter et agir selon son intuition, avec Sonia Choquette, 2019.

100 cartes pour éveiller son féminin, avec Aisha Sieburth, 2020.

100 cartes pour une vie arc-en-ciel, 2021.

• Aux éditions Leducs

L'Œuf de Yoni : le féminin révélé et libéré, 2018.

Agenda de grossesse, 2019.

Table des matières

Composition
PRESS·PROD

Imprimé en Espagne
Dépôt légal : juin 2021
N° d'impression : 01
ISBN : 978-2-7499-4636-8
LAF : 3066